인생이 궁금한 너에게

인생이 궁금한 너에게
아이의 인생 물음에 대한 변호사 엄마의 응답

초판 1쇄 발행 2025년 6월 30일

지은이 김정선
펴낸이 장길수
펴낸곳 지식과감성#
출판등록 제2012-000081호

교정 한장희
디자인 김희영
편집 김희영
검수 이주희, 이현
마케팅 김윤길

주소 서울시 금천구 벚꽃로298 대륭포스트타워6차 1212호
전화 070-4651-3730~4
팩스 070-4325-7006
이메일 ksbookup@naver.com
홈페이지 www.knsbookup.com

ISBN 979-11-392-2681-2(03810)
값 16,700원

- 이 책의 판권은 지은이에게 있습니다.
- 이 책 내용의 전부 또는 일부를 재사용하려면 반드시 지은이의 서면 동의를 받아야 합니다.
- 잘못된 책은 구입하신 곳에서 바꾸어 드립니다.

지식과감성#
홈페이지 바로가기

아이의
인생 물음에 대한
변호사 엄마의 응답

김정선 지음

인생이 궁금한 너에게

수능 오류 소송, 수시 논술 소송 등 수험생을 위한 교육 현장의 변호사
**공부 이전에, 인생을 묻는 아이에게
변호사 엄마가 들려주는 중요한 이야기**

지식과감정#

차례

들어가는 말 | 8

햇살 같은(sunny) 엄마에게 | 10

1장 학교생활과 관계

1. 학교는 꼭 다녀야 할까? | 14
2. 공부는 왜 하는 걸까? | 19
3. 나에게 맞는 친구 사귀기 | 26
4. 멀리할 친구와 가까이할 친구 | 31
5. 관계의 변화에 대하여 | 35
6. 매력적인 사람이 되려면 | 39
7. 이성 친구에 대하여 | 44
8. 다른 사람의 칭찬과 기대에 대하여 | 49
9. 나에 대한 평가에 대하여 | 52
10. 타인에 대한 평가에 대하여 | 56
11. 다른 사람을 이해하는 방법 | 60
12. 옳고 그른 것의 기준 | 65
13. 누군가에게 화가 날 때 | 69
14. 원만한 성격에 대하여 | 73
15. 완벽한 사람이 된다는 것 | 77
16. 외롭다고 느낀다면 | 81
17. 가족과 나와의 관계(부모 자식 관계를 중심으로) | 85

2장 사회와 우주의 법칙

18. 돈을 버는 것에 대하여(돈의 노예 vs 돈의 주인) | 90
19. 물질에 대한 욕망(명품을 중심으로) | 95
20. 여행에 대하여 | 100
21. 직업에 대하여 | 104
22. 성 구분에 대하여 | 108
23. 결혼에 대하여 | 112
24. 외모에 대하여 | 117
25. 법에 대하여 | 121
26. 정치에 대하여 | 125
27. 종교에 대하여 | 130
28. 인과의 법칙 | 135
29. 끌어당김의 법칙(시크릿의 법칙) | 140
30. 호오포노포노 | 146
31. 시간과 나이에 대하여 | 151
32. 시간과 차원에 대하여 | 156
33. 지구와 우주에 대하여 | 161

3장 삶과 나

34. 내 인생에 걸림돌이라고 생각되는 것 | 166
35. 가슴 뛰는 일을 찾기 | 169
36. 건강을 유지하는 법 | 173
37. 독서를 해야 하는 이유 | 177
38. 인생은 허상일까 | 182
39. 사람은 왜 살까 | 186
40. 운명이란 정해진 것일까 | 190
41. 꿈에 대하여 | 194
42. 잠재의식, 무의식에 대하여 | 198
43. 내 안의 부정적 감정 처리하기 | 203
44. 표지에 대하여 | 209
45. 행복이란 무엇일까 | 213
46. 현재에 집중하기 | 217
47. 마음이란 무엇일까 | 221
48. 알아차리기 | 226
49. 명상이 필요한 이유 | 230
50. 자존감에 대하여 | 234
51. 나를 사랑한다는 것 | 237

들어가는 말

"엄마~ 나랑 토론하자~"

"무슨 토론?"

"그냥 매일 하루에 한 개씩 아무 주제나 가지고 이야기를 하는 거야. 그럼 여러모로 좋대~"

"아~ 그래 그러자~"

어느 날 갑자기 자기 전에 누워서 엄마에게 토론하자고 제안하는 첫째 딸. 의도는 좋은데 얼마간 하다가 흐지부지되었지. 둘째도 있고, 이야기하다 잠들어 버리곤 해서 깊이 있는 토론을 하기에는 역부족이었던 것 같아. 그 후로 토론이 아니라도 뭔가 궁금한 것이 있을 때마다 엄마에게 진지하게 또는 지나가는 식으로 많은 것을 물어보았지. 시간과 상황이 되면 자세하게 엄마의 생각에 관해서 이야기도 해 주고 토론도 할 수 있었지만 바쁘거나 상황이 안 되면 아주 짧게밖에 이야기를 못 해 주거나 나중으로 미뤄 둔 이야기들도 있었어.

그러던 어느 날 딸이 "엄마는 나의 명심보감이야~"라는 이야기를 하길래 얼마나 감동이었는지.

그 말을 듣고 내가 지금까지 살면서 경험과 독서와 공부를 통해 쌓아

온 지혜와 견문들이 딸들이 살아가는 데 도움이 된다면 기회가 될 때마다 하나씩 이야기해 주어야겠다고 마음을 먹었어.

그러다 문득 '혹시 나에게 무슨 일이 생겨서 내가 알고 있는 것들을 다 이야기해 줄 수 없게 되면 어떻게 하지?', '꼭 무슨 일이 생기지 않더라도 내가 한번 말은 해 줬지만, 지금은 아직 이해가 잘 안돼서 그냥 흘려들은 것들이 나중에 기억이 날까?', '혹시 나의 의도와 다르게 이해하지는 않을까?', '특히 아직 어린 둘째 딸은 지금은 잘 이해할 수 없을 텐데 나중에 반복해서 똑같은 이야기를 훗날 다시 해 주어야 할까?'라는 생각이 들었고, 그렇다면 딸들에게 꼭 해 주고 싶은 이야기들을 내가 먼저 한번 정리해 보자는 결심을 하면서 이 글을 쓰기 시작했어.

글을 쓰기 전부터 글을 쓰는 기간 동안 딸들이 한 번씩 엄마에게 한 질문 중에 인상 깊었던 내용을 위주로 담았어. 아직 학생인 딸들은 특히 학교생활과 친구들, 인간관계에 관한 질문을 많이 했고, 첫째 딸은 크면서 점점 더 심오한 질문도 했지.

이 책은 이렇게 시작이 된 책이고, 너희가 한 질문들을 토대로 너희들의 눈높이에서 이해를 잘할 수 있길 바라며 쉽게 쓰려고 했어. 가끔 어떤 주제에 대해서는 내가 여기서 이야기해 주는 것보다 더 깊이 있는 것을 알고 싶어 할 것 같아서 내가 살면서 읽고 도움을 받은 책들이나 참고할 자료가 있다면 함께 추천해 주려고 해. 훗날 시간이 될 때, 어른이 되었을 때, 또는 그 주제에 대해서 더 깊이 있게 파고들고 싶을 때는 그 책들이나 자료들을 참고하면 도움이 될 것 같아.

그럼 이야기를 시작해 볼까.

햇살 같은 (sunny) 엄마에게

생일 축하해, 엄마~~
엄마는 세상에 내 편이 없다고 생각될 때 유일한 내 편이 돼 주는 사람이야.
너무 하고 싶은 말이 많아서 뭘 먼저 써야 할지 모르겠네. ㅎㅎ
엄마도 외할머니도 정말 마음이 단단하고 곧고 아름다운 거 같아.
덕분에 나도 좋은 영향 많이 받고 자랄 수 있는 것 같아~~
감사해요, 할머니, 엄마~
엄마랑 같이 있으면 많은 사람들이 그렇겠지만, 정말 편해지고, 기분이 좋아져. 난 멀리서 그런 사람들을 찾으면서 저렇게 되고 싶다… 생각했는데 가장 가까운 곳에 있었어! 나도 엄마처럼 따뜻하면서 카리스마 있는, 여유로우면서 열심히 하는, 공감과 이성이 공존하는 그런 사람이 되고 싶어. 앞으로 엄마 곁에 있으면서 계속 관찰하고 나도 닮아 가도록 노력해야징. 엄마는 좋은 영향력을 뿜뿜 하고 긍정적이고 웃음이 예뻐서 정말 좋아. 엄마가 같은 나이대라면 친구하고 싶어.
어떤 인연이 우릴 이어 줬는지 정말 운이 좋게도 엄마 딸로 태어나게 돼서 너무 좋고 감사하고 럭키비키야! 나의 든든한 지원군이면서 엄마이면서 친구이면서 책이면서 공자인 사람은 엄마밖에 없을 거야. 난 아직 18년밖에 안 살았고 엄만 나보다 30년밖에 더 안 살았어. 그러니까 나 대학 가면 우리 같이 여기저기 놀러 다니자!
지금의 내가 있기엔 엄마 영향이 엄청 많아. 진짜 알게 모르게 영향 많이 받았어. 너무 고맙고 앞으로도 고마울 거야~

인생은 잠깐 왔다가는 여정 같아. 여행, 모험이기도 하고.
이런 긴 모험을 함께할 동반자가 엄마인 아빠는 진짜 행운이야~ 아빠는 전생에 거의 이순신 장군이었나 봐~ 엄마를 얻다니… 진짜 아빠는 복 받았어!!! 물론 엄마도 아빨 만난 건 복 받은 거지만 그래도 아빤 이순신이었어. 나도 이런 긴 모험에서 의지할 수 있고 믿을 수 있는 사람을 만나서 넘 행운이야.
기쁠 때 엄마랑 얘기하면 더 행복해지고, 슬플 때 엄마한테 얘기하면 슬픔이 줄어들고, 걱정을 얘기하면 마음이 한결 가벼워져서… 어떤 얘기든 엄마한테 말하게 되는 거 같아. 엄마 상담사 해도 좋을 듯. 아~ 그래서 변호사인가?
그리고 내가 마마걸이 되기는 싫어하잖아! 근데 그냥 마마걸 하려고.ㅋ… 마음이 바뀌었어. 왜냐면 엄마가 너무 좋으니까! 그냥 다 물어보고 다 얘기하고~
아직 내 인생이 많이 지나진 않았는데 일단 지금, 시작 부분은 정말 좋다. 환경도 정말 좋구, 가족도 좋구, 다 좋다~ 앞으로도 계속 함께 재밌는 하루하루 살아가면 좋겠어.

내 친구이자 든든한 엄마 사랑하고 정말 감사해요~~ 평생 함께해요.
I LOVE YOU~

2025년 5월
- 딸 올림 -

1장

학교생활과 관계

학교는 꼭 다녀야 할까?

"엄마~ 나 오늘 학교 가기 싫어. 오늘 쉬고 내일 갈래~"
"그래? 며칠 동안 안 갔으니까 오늘은 가면 좋겠는데."
"어차피 며칠 안 갔으니까 그냥 내일 가면 안 돼?"

코로나 시기라 이런 대화가 가능했지, 평상시 같았으면 어림도 없는 말이겠지. 학교는 아플 때 말고는 빠지면 안 되는 곳이라고 생각했으니까. 특히 내가 학교 다닐 때는 아파도 병원 갔다가 약 먹고 다시 학교에 가야만 했고 학교에 하루라도 빠지면 안 된다고 생각했었던 시절이었어. 그래서 개근상 못 받는 아이들이 왠지 불성실해 보이기도 했었는데 요즘은 개근상 자체가 없어졌지. 학교에 신청만 하면 일정 기간은 체험학습으로 빠질 수 있고 출석으로 인정해 주니 내가 학교 다닐 때는 상상도 못할 정도로 분위기가 너무 바뀌었어.

그럼 학교는 무엇을 하는 곳이기에 거의 모든 학생이 당연히 다니고 있는 걸까?

기본적으로 학교는 배우는 곳이지. 공부뿐 아니라 살아가는 데 필요한 가치관, 교우 관계 그리고 사회생활에서 익혀야 할 것들을 배우는 곳이지. 사실 지금은 학원과 온라인 강의, 문제집 등이 너무 잘되어 있어서 학교에서 공부하는 학생보다 학원에서 미리 배운 걸 학교에서 복습하는 학생이 더 많고, 학교 수업 시간에 오히려 학원 숙제를 하는 학생도 많아서 문제가 되기도 해. 특히 코로나 시기에는 오프라인으로 학교에 가서 수업을 받는 것보다 온라인 수업을 하게 되면서 오히려 수업의 질이 높아졌다는 의견도 있어. 그만큼 학교가 지식을 배우기 위한 목적으로만 다니는 곳은 아니게 되었지.

그럼 학교에서 지식을 배우는 것 외에 무엇을 가르쳐 주기에 아직도 학생들은 학교에 다니고 있는 걸까? 학교에 가면 친구들과 지내면서 관계를 형성하고 작은 사회생활을 경험할 수 있어. 어른들의 사회는 아니지만, 친구들과의 관계와 학교 안의 생활도 사회생활이야. 그리고 그 친구들이 커서 결국에는 다 같이 어른이 되었을 때 학교 밖의 사회를 형성하게 되겠지. 그래서 친구들과의 관계가 어떠한지, 친구들을 얼마나 잘 설득할 수 있는지, 친구들에게 내가 어떤 영향력이 있는지, 친구들에게 어떤 도움을 줄 수 있는지 등등을 겪고 고민하면서 나중에 내가 사회에 나갔을 때 어떤 사람이 되어 어떻게 행동하면 좋을지를 미리 학습할 수 있어.

물론 학교생활에서의 내 모습과 진짜 사회에 나갔을 때의 내 모습이 다를 수도 있고, 지금은 학생이라 공부에 더 집중해야 하므로 사회에서와는 완전히 다른 모습이라고 생각하겠지만 사실 많이 비슷하기도 해. 학생 때 친구들과의 관계가 좋고, 성실했으면 사회에 나가서도 주변 사람들과의 관계가 좋고 성실할 것이고, 학생 때 마찰이 많고 불만이 많고 불성실했으면, 사회에 나가서도 그 비슷한 모습인 경우가 많아. 엄청난 노력으로 자기 자신을 개조하지 않는 한 말이야. 특히 학교에서는 원하지 않아도 여러 종류의 친구를 만나야 하니 집이나 학원이나 이웃 등 학교 밖에서 만나는 친구들보다 훨씬 다양한 친구를 만날 수 있지.

나는 학창 시절 당시 부모님께 하지 못했던 이야기도 친구하고는 할 수 있었어. 특히 중학교부터는 학창 시절에 만난 친구들이 나의 성격 형성에 큰 영향을 미쳤는데 내 맘에 드는 친구를 보면서 저 친구처럼 성격을 바꾸려고 노력하기도 하고, 맘에 안 드는 친구를 보면서 나는 저러지 말아야지 하면서 나를 돌아보기도 했었고. 그런 과정을 거쳐서 지금의 성격이 자리 잡게 된 것 같아. 물론 그 후에도 성격은 계속해서 변해 왔지. 나는 아직 연락하고 있는 초중고등학교 때 친구들이 있어. 다들 커서 결혼도 하고 아이도 낳고 서로 다르게 사는 걸 보면서 그때는 상상도 못 했던 친구의 달라진 모습에 놀라기도 해. 그 친구들도 그때보다 더 성장하고 발전한 결과겠지.

그리고 학교 선생님으로부터 공부 외에도 삶의 가치관이나 현명한 사회생활 등에 관해서도 배울 수 있어. 특히 존경받는 선생님들은 공부를 잘 가르쳐 주는 것 외에 인생을 어떻게 살아야 하는지 삶의 지혜를 알려 주시고, 학생들이 고민하는 것은 무엇인지 등을 잘 파악해서 도움을 주시기도 했어. 나도 초중고등학교 때 친구 같은 선생님, 엄마 같은 선생님, 존경하는 선생님 등을 만났고, 오랫동안 졸업 후에도 연락하다가 연락이 끊긴 선생님도 있어. 그때는 이메일이나 핸드폰 같은 게 없어서 계속 연락할 수가 없게 된 것이 지금도 참 아쉬워. 사실 지금도 찾아뵙고 싶은 선생님도 있는데 나를 기억하실까 싶은 생각에 연락을 못 하고 있기도 하고.

요즘은 학교에 다니지 않고 집에서 가정학습을 하는 학생들이 늘어나고 있어. 학교에서 아이들이 욕도 많이 하고 이상한 것들을 배워 온다고 오히려 위험한 곳이라고 안 보내려고 하는 부모들도 있는 것 같아. 만약 다녀야 하는 학교의 환경이 배우는 것이 별로 없고, 오히려 안 좋은 것만 배워 오고, 스트레스를 많이 받고, 시간 낭비라고 생각이 된다면 당연히 안 갈 수도 있다고 생각해.

아직 너희들은 학교에서 스트레스를 많이 안 받고 배워 오는 것도 많고, 친구랑 선생님들도 좋아하고, 방과 후 수업이나 학교 특활 시간 등에 재밌게 활동하는 시간도 많아서 학교 가는 게 재미있다고 생각하겠지. 하지만 만약 점점 학년이 올라갈수록 이상한 친구들이 많거나 학교 다니는 게 너무 스트레스거나 오히려 나의 삶을 충만하고 행복하게 해 주지 못하고 불행하게 만드는 게 학교 같다는 생각이 든다면 학교를 안 다니는 것도 방법이야.

앞으로 성인이 돼서 이 사회에 나가도 맘에 들지 않는 친구나 직장 동료나 이웃들과도 어울려 지내야 하고, 그런 사람들과 원치 않는 쓸데없는 이야기를 하면서 시간 낭비를 하는 경험도 해야 할 텐데 그럴 때마다 관계를 끊고, 회피할 수는 없겠지. 그래서 미리 학교를 통해 어떻게 내 맘에 드는 친구나 사람들을 선별할 수 있는지, 어떻게 맘에 안 드는 사람들과 잘 어울릴 수 있는지 또는 그런 사람들을 신경 안 쓸 수 있는지, 어떻게 해야 시간 낭비하지 않고 알차게 시간을 보낼 수 있는지 등을 조금이라도 연습해 놓는다고 생각하면 도움이 될 거야.

학생 때는 배우면서 실수해도 되고, 잘못되더라도 아직 어리니까 큰 문제가 되지 않고 넘어갈 수 있고 고칠 수 있지만, 사회에 나가면 이미 성인이므로 내가 한 실수에 대한 책임을 져야 해서 작은 실수로도 큰 문제가 될 수 있거든. 그러니 미리 학교에서 연습을 많이 하고 살아가는 방법을 익혀 놓고 내 마음을 단단하게 해 놓을수록 나중에 사회에 나갔을 때 유리할 것 같아.

이렇게 학교에 다니는 것에는 장단점이 있지만, 이왕이면 너희들이 학창 시절에 학교에서 많은 것을 배우고 즐기고 행복하게 다녔으면 좋겠어. 앞으로 겪게 될 학교생활도 지금처럼 항상 즐겁고 재밌고 행복한 곳이기를 바라지만 혹시라도 스트레스가 더 많거나 너무 힘들 때는 다른 방법을 찾을 수도 있다는 것을 알고 있길 바라. 오늘도 즐겁게 학교에 가 볼까?

👍 추천 도서

엄마 학교(서형숙)
내가 정말 알아야 할 모든 것은 유치원에서 배웠다(로버트 풀검)
죽은 시인의 사회(N. H. 클라인바움)

공부는 왜 하는 걸까?

"중학교 생활 좀 해 보니 어때?"

"어~ 재미있는데, 공부할 것도 많고 시간이 너무 없어. 집에 와서 쉬거나 놀 수가 없어. 공부를 꼭 잘해야 하는 거야?"

"잘해야 하기보다 최선을 다해서 해야겠지."

"왜? 공부해서 좋은 대학 가면 뭐가 좋은데, 좋은 대학 갔다고 돈을 다 잘 버는 것도 아니고, 행복한 것도 아닌데."

오늘은 모든 학생의 최대 관심사인 공부에 관해서 이야기해 볼까.

너희들은 가끔 물어보지. 왜 공부를 해야 하냐고. 어차피 성적이나 대학이 인생의 행복을 좌우하지는 않는데 왜 지금 공부를 열심히 해야 하는지 모르겠다 했었지. 나도 학창 시절에 똑같은 질문을 했었어. 그때는 「행복은 성적순이 아니잖아요」라는 제목의 영화가 인기를 끌면서 많은 학생이 공부하기 싫을 때 그 대사를 인용하기도 했지.

아마 모든 학생은 그런 생각을 다 해 본 경험이 있을 거야. 공부 잘한다고 대학교 잘 간다고 과연 행복할까? 내가 행복한 것은 공부할 때가 아니라 놀고, 오락하고, TV 보고, 춤추고, 편하게 있을 때인데 왜 공부하는 데 시간을 보내면서 나의 학창 시절 중요한 행복을 놓치고 살아야 하나 싶을 거야.

그 말에는 어느 정도 공감은 해. 그리고 이 세상 아주 극히 일부를 제외하고는 공부가 너무 재밌어서 하는 사람들은 없을 거고, 좋은 대학 가고, 좋은 회사 취직하고 나면 다시는 책도 펼쳐 보기 싫은 사람들도 많겠지.

나도 학교 다닐 때 공부가 너무 재밌어서 하지는 않았던 것 같고, 학생이면 공부를 해야만 한다고 하니 특별히 재미있는 것도 찾지를 못해서 남들 하는 공부를 그냥 한 것 같아. 그리고 가끔 공부하라는 엄마에게 공부가 인생의 전부는 아닌데 왜 자꾸 공부만 하라고 하냐면서 반항도 했었어. 사실 나는 공부하라는 잔소리를 별로 들은 적도 없는데 한 번씩 하는 말도 듣기 싫어했었지.

나도 그렇게 학창 시절을 보냈기에 너희들에게 공부하라고 말은 하지만 사실 인생에서 공부가 제일 중요하다고 생각하지는 않아. 내가 무엇을 할 때 가장 행복할지를 찾아서 그걸 하면서 사는 것이 진정으로 행복한 삶이라는 것에 동의해.

그런데도 공부를 하라는 말을 끊임없이 하는 이유는 아직 너희들이 다양하고 많은 경험을 못 해 봤기 때문에 어떤 것을 해야 가장 행복할 것인지를 확실히 찾지 못했고, 행복하다고 생각했던 것도 얼마 안 있어 싫증이 나거나 상황이 변하면 나중에 얼마든지 바뀔 수도 있기 때문이야.

언젠가는 너희가 요리가 너무 재밌다고 제빵 재료를 사 달라고 해서 제빵 재료를 다 사 줬더니 몇 번 하고 흥미를 잃고 안했지. 그 후 그림이 너무 재밌다고 각종 물감과 미술 재료를 사 달라고 하더니 또 몇 번 그리고 손도 안 댔고, 춤이 너무 재밌다고 해서 무용 학원을 등록해 줬더니 몇 달 가고 안 간다고 했어. 이렇게 뭐든 재밌다 하면서 시작했는데 결국은 몇 달, 몇 년 하다가 그만두었지. 아직은 어리고 다방면에 관심이 많을 때라 이것저것 하고 싶지만, 막상 시작하면 흥미를 잃고, 진짜 무엇을 하면 평생 즐겁고 행복할지를 아직 확실하게 모를거야.

그 다양한 많은 것 중에 내가 진정 행복한 것을 찾았을 때 그걸 하면서 살 수 있으려면 내가 그걸 하고 싶을 때 언제든 선택할 수 있어야 해. 다시 말해서 나중에 행복할 일을 찾았더라도 내가 그 삶을 선택할 수 있는 환경을 만들어 놓지 못했거나 준비되지 않았다면 그 기회를 잡을 수 없다는 것이지.

예를 들어 고등학교 3학년 때가 되어서야 확실히 하고 싶은 꿈이 생길 수도 있어. 아픈 사람을 치료해 주고 존경받는 삶을 살고 싶어서 또는 돈을 잘 버니까 의사가 되고 싶은 꿈을 가지게 될 수도 있겠지. 그런데 중고등학교 시절에 공부를 안 해 놨으면 아무리 고3 때 의사가 되고 싶은 꿈이 생겼을지라도 의대에 입학할 수가 없어. 또는 고등학교 때 존경하는 선생님을 만나서 아이들을 가르치는 선생님이 되고 싶어 할 수도 있지. 그 역시 교대나 사범대학에 입학해야 하는데 성적 관리를 하지 못했으면 갈 수가 없고, 들어가서도 시험에 통과하지 못하면 선생님이 될 수가 없겠지. 물론 정말로 가고 싶다면 몇 년 더 공부하면 갈 수도 있겠지만. 다른 사람들보다 시간이 많이 늦어지거나 끝내 못 갈 수도 있어.

이렇게 내가 행복해할 일과 하고 싶은 직업을 고등학교 시절 또는 졸업하고 나서야 확신하게 되었다면 그때는 중고등학교 성적 때문에 그 길을 선택할 수 없어서 포기하게 되는 경우가 생길 수 있어. 그러면 성적에 맞추어 어쩔 수 없이 다른 길을 선택할 수밖에 없고, 그렇다면 내가 행복할 수 있는 일을 평생 못 하게 되겠지. 그래서 결국은 내 흥미와 행복과는 상관없이 돈을 벌기 위해 아무 직업이나 갖게 될 수 있는 거야. 이러한 일이 발생하지 않도록 학창 시절 공부를 충분하게 해 놓고 준비를 해 놓으라는 거지. 나중에 꿈이 생겼을 때 그 어떤 선택도 내가 할 수 있도록.

가끔은 아주 운 좋게 어린 시절부터 내가 너무 행복해할 수 있는 것을 일찍 찾을 수도 있어. 예를 들어 축구를 너무 좋아한다든가, 음악이 너무 좋다든가, 춤추는 게 너무 행복하다든가, 그림 그릴 때 너무 즐겁다든가 등 온종일 그것만 해도 너무 재밌고, 몇 달 몇 년 동안 해도 질리지 않는 무엇인가를 일찍 찾아낸 사람은 공부를 안 하고 그것만 해도 괜찮겠지. 그렇게 해서 성공한 운동선수나 예술가들도 많이 있어.

그래서 너희들이 혹시 예체능에 소질이 있거나 예체능을 할 때 행복해할까 해서 일찍부터 다른 학원은 안 보내도, 미술, 피아노, 무용 학원 등을 보냈었는데, 어느 정도 재미있어하다가 조금 지나니 이제 충분하다고 싫증을 내더라고. 첫째 같은 경우는 미술을 잘하고 좋아해서 몇 년 다니길래 미술로 진로를 가려나 했지만, 어느 날 이 정도면 충분하다고 그만 다니고 싶다고 했어, 피아노도 처음 시작은 재밌고 재능이 있어 보였는데 점점 재미도 없고 힘들어했고, 무용도 즐겁게 꾸준히 잘해서 선생님도 욕심냈었는데 그것도 고학년이 되니 스스로 그만하겠다고 했지. 그래서 행복해할 다른 일을 다시 찾아야 하므로 일단 지금 할 수 있는 공부를 열심히 하라고 말하기 시작한 거야.

그래서 앞으로 너희들이 행복할 수 있는 일을 찾을 때까지는 학창시절에 공부를 우선 잘 해놓아야 해. 그래야 나중에 어떤 길이든 선택할 수 있게 되고, 선택의 순간에 후회하지 않을 거야. 이게 바로 지금 공부를 해야 하는 첫 번째 이유야.

공부해야 하는 두 번째 이유는 첫 번째 이유보다 훨씬 더 중요한데 바로 삶의 지혜를 위해서지. 여기서 공부라고 하는 것은 학교 성적이나 암기하는 것만이 아니라 이 세상을 살아가는 데 필요한 모든 것을 익히는 것을 말해.

그래서 내가 "공부 좀 해."라고 할 때는 학교 공부만을 말하는 게 아니야. 책이나 잡지, 신문을 보고, 자기계발 영상을 보더라도 잘했다고 하는 거야. 특히 나는 책 읽는 것을 너무 좋아하는데 한 권의 책에는 작가의 삶과 고민과 생각의 진수가 고스란히 담겨 있기 때문이야. 지금 내가 너희에게 남기는 이 글도 책이 될 텐데 이 글들은 그냥 오늘 하루 생각해서 나온 게 아니야. 지금까지 살면서 경험한 것과 느낀 생각들을 너희들의 눈높이에 맞게 정리한 것이기 때문에 이 한 권 속에 너희들이 살아가는 데 필요한 많은 것이 담겨 있다고 생각해. 이런 책을 읽는 것도 넓은 의미의 공부지.

이렇게 학교 공부만이 공부가 아니라 책을 읽고 느끼는 것, 누구의 말을 듣고 느끼는 것, 하다못해 TV를 보면서도 느끼는 게 있으면 그런 모든 것이 공부이지. 내가 공부 좀 하자고 하는 것은 그런 폭넓은 인생 공부를 하자는 뜻이야. 그게 바로 내가 너희들이 문제집 안 풀고 책만 읽는다고 해도 뭐라고 하지 않는 이유지. 물론 고등학교 때는 학교 공부 따라가기도 힘들어서 책 읽을 시간도 없겠지만.

너희가 가끔 학교에서 내주는 숙제를 온종일 하면서 조사하고, PPT 만들고, 발표를 준비하며 많은 시간을 쓰면서 수학이나 영어 공부는 전혀 안 하는 날도 있는데, 그런 걸 준비하는 것도 모두 다 인생에 도움이 되는 공부이기 때문에 대견하게 생각해. 이미 컴퓨터나 PPT를 다루는 건 나를 능가하는 것 같고, 곧 나보다 아는 상식도 더 많아질 것 같아.

공부를 해야 하는 마지막 이유는 너희들이 얼마나 성실하게 살고 있나를 평가하는 척도이기 때문이야. 딸의 말대로 지금은 공부 못해도 나중에 성공할 수도 있겠지. 하지만 인생에 있어서 성공할 확률은 성실도와 비례한다고 생각해. 성실하지도 않은 사람이 인생에서 성공하고, 돈도 많이 벌고 행복할 수 있다고 생각하지 않아. (물론 운도 무시할 수는 없지만 운은 내가 노력할 수 있는 것은 아니니 별개로 생각하기로 하자.) 이 순간 내 할 일에 최선을 다한 사람이 성공하는 것은 당연한 이치지. 지금 내가 학생이라면 얼마나 너의 삶에 성실했는지는 성적에서 나타나겠지. 그래서 학교 성적은 너희들의 학창 시절 성실도를 판가름하는 척도가 될 거야. 나중에 정신 차리고 성실해지는 사람도 있겠지만 학창 시절부터 성실했던 학생이 관성적으로 나중에 사회에 나가서도 성실하겠지. 그래서 어디서든 성공해서 행복하게 살 확률도 높을 것으로 생각해.

자! 이제 왜 공부를 해야 하는지 조금 이해가 되었을까? 지금, 이 순간 학생인 너희들은 공부와 성적으로 너희의 성실도를 평가받게 되고, 공부를 통해 삶의 지혜가 쌓이게 되며, 나중에 너희가 확실한 목표가 생겨서 원하는 길을 선택할 때 후회 없이 기회를 잡기 위해서 공부를 하는 것이지. 오늘도 학교 공부뿐 아니라 순간순간 모든 것이 다 공부라고 생각하고 이 순간 최선을 다하자~!

👍 추천 도서

공부하기가 죽기보다 싫을 때 읽는 책(권혁진)
스스로 뒤집는 붕어빵(김지명)

 # 나에게 맞는 친구 사귀기

"엄마~ 이제 새 학년인데 친구를 못 사귀면 어떻게 하지?"

"왜 못 사귀지? 한 명이라도 맘에 맞는 친구가 있겠지."

"처음 사귄 친구가 나중에 맘에 안 들면 어떻게 하지?
중간에는 친구들을 바꾸기 어려운데.
어떤 친구가 나한테 맞는지 한 번 봐서 어떻게 알지?"

매 학년이 바뀔 때마다 너희가 가장 많이 하는 고민이지. 새로운 학년이 되면 새로운 친구들을 사귀어야 하니까. 살면서 정말 100% 마음에 딱 맞는 친구를 사귀는 것은 어른들 세계에서도 너무 어려운 일이야.

일단 친구와의 관계, 사람과의 관계에 있어서 변하지 않는 가장 중요한 진실 한 가지는 평생 100% 내 맘에 쏙 드는 사람은 없을 거라는 거야. 그리고 두 번째 진실은 모든 사람은 순간순간 변하기 때문에 어제 네가 마음에 들었다고 생각했던 사람도 오늘은 마음에 안 들게 변했을 수도 있고, 오늘 너무 마음에 안 들었던 사람도 내일은 마음에 쏙 드는 사람이 될 수도 있다는 거지.

생각해 보면 나 자신도 100% 마음에 들 수 없고, 한집에서 같이 사는 내 가족도 100% 마음에 들 수 없는데 나도 아니고 가족도 아닌 친구가 나의 마음에 쏙 들 수 없는 게 당연하겠지.

이렇게 내 마음에 맞는 친구를 만나는 것은 어렵고, 만났다 하더라도 그 관계를 변함없이 유지하는 것은 더 힘든 게 사실이야. 그러니 너무 내 맘에 쏙 드는 완벽한 친구를 만나길 기대하지도 말고, 나랑 아주 친했던 친구가 어느 순간 변한 것같이 느껴지더라도 당연히 그럴 수 있다고 생각해야 해.

게다가 어른들은 친구를 가려서 사귀라고 말하곤 하지. 맘에 쏙 드는 친구 찾기도 어려운데 친구를 어떻게 가려서 사귀라는 걸까? 친구를 사귈 때 기준이 되는 것이 뭘까? 공부를 잘하는 친구, 이쁜 친구, 잘 사는 친구, 인기 많고 재미있는 친구 등 어떤 친구를 사귀어야만 할까?

친구나 사람을 사귈 때 내가 생각하는 잘 맞는다는 기준은 서로가 서로에게 발전이 되는 관계인가야. 같이 있으면 재밌고 신나는데 만날수록 점점 게을러지고, 자기 발전이 없고, 그 사람과의 사이에서 얻은 게 없고, 오히려 잃은 것만 있다면 그건 의미 없는 관계였다는 생각이 들어. 반대로 어떤 친구랑 만날 때 그 친구를 보면서 배울 점이 많고, 나도 저렇게 해야겠다고 의욕이 생기고 그 친구와 함께할수록 점점 더 내 생각이 크고 시야가 넓어지고, 배운 것과 얻는 것이 많다고 생각된다면 그런 친구가 좋은 친구이고 발전하는 관계인 것 같아.

그렇다면 한쪽은 얻은 게 있는데 다른 쪽은 주기만 했다면 어떻게 될까? 예를 들면 어려운 친구를 도와줄 때나 공부를 잘하지 못하는 친구를 가르쳐 줄 때 이런 생각이 들 수도 있겠지. 그런 경우 주는 쪽은 주면서 보람을 느낄 수도 있고, 모르는 친구를 가르쳐 주는 과정에서 복습이 된다거나 배우는 게 있을 수 있고, 어려운 친구를 도움으로써 나에 대한 자존감이나 보람도 높아질 수도 있으니 그 역시 스스로 발전했다고 생각해. 물질적으로나 외적으로 직접 눈에 보이지는 않더라도 정신적으로 충만한 감정이나 보람, 자존감, 기분 좋은 느낌 등을 얻었다면 그것 또한 얻은 것이라고 할 수 있으니까.

이렇게 서로에게 도움이 되고 발전적인 관계가 되기 위해서는 서로 노력을 해야 해. 일방적으로 한쪽만 도움을 받거나 만날수록 서로에게 해가 되는 관계는 오래 지속되기 어려울거야. 나중에 다시 이야기하겠지만 이건 꼭 동성 간의 관계뿐 아니라 이성 친구나 부부 사이에도 적용되는 것이지.

그리고 지금은 나랑 딱 맞는 친구인 것 같아도 이 관계는 시간이 지나면서 변할 수 있다는 것도 알고 있어야 해. 너희들도 가끔 친구 관계에 대해서 고민을 얘기할 때 친했던 친구가 나보다 다른 친구랑 더 친해졌다거나 예전과는 다르게 변했다고 이야기를 하곤 했지. 그렇게 상대방의 마음이 변한 것에 대해서 그 이유를 확실히 알면 나도 함께 변하거나 그 친구가 다시 나와 친해지도록 노력하면 되겠지만 이유를 모르겠다면 그냥 받아들이는 수밖에 없어. 사람의 마음은 당연히 변하는 거라 지금은 이 사람이 좋아도 나중엔 다른 사람이 좋아질 수 있겠지. 그건 친구들뿐 아니라 너희도 마찬가지일 거야. 너희도 계속 변하니까. 한쪽이 일방적으로 성장해서 다른 쪽과 안 맞게 될 수도 있고, 관심사가 달라져서 변할 수도 있지. 예를 들어 원래 핸드폰 게임을 좋아했는데 책 읽는 것이 더 좋아진다거나, 영화배우 A를 좋아했는데, 가수 B를 더 좋아할 수도 있을테니.

성인인 경우에는 의리나 관계 등등 이런저런 생각할 것들이 많아서 마음이 변해도 바로 티를 내지 않고 그 관계를 유지하기 위해서 노력할 수 있어. 하지만 어릴수록 자기 마음에 솔직해서 숨기지 않고 그걸 바로바로 티를 내기 때문에 너희 때는 더욱 친구와의 사이에 변화가 많을 거야. 그럼 그냥 변할 수도 있구나 이해하고 그 친구 또는 다른 친구와 놀 수도 있고, 아니면 굳이 친구와 어울리지 않아도 좋아하는 책을 본다거나 노래를 부르거나 혼자서 할 수 있는 다른 일을 하면서 시간을 보내도 돼. 이런 관계의 변화에 대해서는 뒤에서 조금 더 자세히 이야기할게.

그리고 훌륭한 위인 중에서는 독특하고, 앞서가고, 너무 뛰어나서 친구와의 관계가 원만하지 않아 혼자 책을 보거나 혼자 상상을 하면서 보내다가 훌륭한 사람이 된 사람들이 너무 많이 있어. 어쩌면 그 위인들은 친구와 노는 것보다 책을 보거나 혼자 상상하거나 궁리해서 뭘 만들거나 하는 걸 좋아했기 때문에 친구가 없었을 수도 있지. 결과적으로는 친구와 노는 시간보다 그런 시간이 더 많았기에, 그로 인해서 지금의 훌륭한 위인들이 될 수 있었던 거겠지.

정리하자면,
100% 내 맘에 드는 친구는 어디에도 없다는 것,
서로에게 도움이 되고 발전이 될 수 있는 친구가 좋은 친구라는 것,
항상 나의 마음, 친구의 마음은 변할 수 있다는 것,
지금 친한 친구가 없더라도 훌륭한 사람이 될 수 있고, 행복하게 잘 살 수 있다는 것.

이것들을 명심하면 친구와 관계에서 했던 많은 고민이 좀 해결될 거야. 그럼 오늘도 친구랑 즐겁게 지내거나 아니면 혼자 보람 있는 시간 보내길 바랄게~

멀리할 친구와 가까이할 친구

"엄마, 친구는 어떻게 판단하고 사귀지? 나는 걔가 맘에 안 들어."

"왜 걔가 맘에 안 드는데?"

"그 친구가 자꾸 다른 친구들 뒷담화를 해.
난 별로 동조하고 싶지 않은데….
다른 친구들한테 내 얘기도 저렇게 할 것 같고."

"너는 다른 친구 뒷담화는 아예 안 해?"

"나도 가끔 할 때도 있어. 그런데 같이 노는 친구 뒷담화는 안 해.
친한 친구가 맘에 안 드는 게 있으면 그 친구에게 직접 말하지."

우리의 이 대화에서 생각해 봐야 할 것은 무엇일까? "어떤 사람의 뒷담화를 하는 게 무조건 나쁜 걸까? 뒷담화를 하는 친구는 멀리해야 할까? 그럼 어떤 친구를 가까이해야 할까?" 등이 있겠지.

일단 우리는 사람이기 때문에 누구나 다 실수를 할 수 있어. 완벽한 사람은 없으니까. 그리고 그 실수에 대해서 불만을 가진 사람은 다른 사람에게 그것에 대해서 불만을 이야기할 수도 있어. 그게 소위 뒷담화지. 물론 그 친구에게 불만을 대놓고 말할 수도 있고. 여기까지는 아주 자연스럽다고 생각해. 그런데 간혹 그렇게 뒤에서 어떤 사람에 대해서 안 좋게 말해 놓고 그 사람 앞에서 아무런 일이 없었다는 듯이 다시 친하게 웃고 잘 지내는 친구들이 있어. 그리고 다시 나한테 와서는 또 그 사람 뒷담화를 반복하지. 뒤에서는 욕해 놓고 앞에 가서 다시 어울리는 이런 행동을 반복하는 사람들은 솔직히 믿을 수 없는 사람들인 것 같아. 왜냐면 나한테 와서도 이렇게 웃고 친하게 지내다가 어느 순간 다른 사람한테 가서 내 뒷담화를 할 수 있으니까.

뒷담화 자체가 나쁜 건 아니라고 생각해. 정부가 잘못하면 국민이 정부가 잘못하고 있다고 비판할 수 있는 것이 당연하듯이 누군가 잘못을 했으면 그건 잘못되었다고 앞에서든 뒤에서든 비판은 할 수 있어. 단지 그렇게 뒤에서 비판해 놓고 그 사람 앞에 가서는 아무런 일도 없었다는 듯이 잘 지내거나 다른 사람이 너의 뒷담화를 했다고 전하거나 하는 것은 겉과 속이 다른 행동, 또는 앞과 뒤가 다른 행동인거지. 그런 사람은 언제든 나의 뒤통수를 칠 수 있는 사람이기에 가까이 두면 내가 언젠가는 상처를 받을 수 있어. 그래서 그런 사람이랑 지내려면 이 사람은 내 얘기도 다른 곳에 가서 할 수 있으니 일단 각오하고 조심하고 지내야 해. 아마 그런 친구는 친구로 지내긴 해도 편하게 속을 터놓고 지낼 수 없을 거야.

그럼 어떤 친구를 가까이하면 좋을까? 이 문제는 친구뿐 아니라 애인, 직원, 모든 인연에도 적용되는 거야.

첫째, 위에 말한 사람처럼 겉과 속이 다르거나 거짓말을 하지 않는 믿을 수 있는 사람이어야 하고, 둘째, 다른 사람들이 나에 대해서 어떤 말을 해도 나를 믿어 주는 사람이어야 하고, 마지막으로 함께 있으면 같이 발전할 수 있는 사람을 가까이해야 하는 것 같아.

둘째 요건의 나를 무조건 믿어 주는 사람의 예로는 가족이 있겠지. 남들이 뭐라고 해도 "그 아이는 그런 애가 아니야."라고 말할 수 있고, 지금은 안 좋은 행동을 했을지라도 "그 아이는 더 나아질 거야."라고 믿어 주는 친구가 있다면 그런 친구는 가까이하면 좋을 것 같아.

또 셋째 요건 관련해서는 함께 있으면 너무 좋고 재미있지만, 서로의 발전에 지장이 되고, 오히려 지금보다 내가 안 좋게 된다면 그건 멀리해야 할 친구일 거야. 예를 들어 같이 있으면 재밌긴 하지만 매일 놀기만 하고, 돈 낭비하며 사치하고, 하는 일도 없이 시간 낭비하고, 게을러지고, 나도 함께 언행이 안좋아지거나 다른 친구들이 나와 점점 멀어진다면 그런 친구는 서로를 위해서 멀리해야 좋아. 내가 사람을 만나는 데 있어서 가장 중요하게 여기는 것이 세 번째 요소인데 같이 있으면 서로 발전할 수 있어야 오래갈 수 있는 것 같아.

얼마 전 뉴스에서 유명한 빌 게이츠 부부가 이혼했는데 그 둘이 이혼하기로 밝히면서 했던 말이 "우리 인생의 다음 단계에서 우리가 더는 부부로서 함께 성장할 수 있다고 생각되지 않는다. (We no longer believe we can grow together as a couple in the next phase of our lives.)"라는 것이 이혼의 이유였어. 두 사람의 실제 이혼 이유가 어찌했든 간에 난 저 말에는 동의해. 부부 관계도 함께 성장할 수 있는 관계일 때 바람직하지, 둘 중 하나가 희생한다거나 한 사람만 성장하고 한 사람은 머물러 있을 때는 바람직한 관계가 되지 못한다고 생각해. 이건 친구 관계도 마찬가지고.

지금 너희 주변에는 찾아 보면 좋은 친구들이 많을 거야. 서로 믿을 수 있고 함께 성장할 수 있는 친구들이. 아직은 어려서 뒷담화를 여기저기서 하고 말을 전하고 다니는 친구가 있더라도 조금 더 크고 시간이 지나면 그 친구도 그게 잘못된 것인지 알 때가 올 거야. 그리고 나 자신도 위의 요건을 갖춘 좋은 친구가 되기 위해 노력하는 것도 중요해.

앞으로 너희들이 좋은 친구들을 많이 만나서 학창 시절 동안 그리고 인생을 살아가는 동안 그 친구들이 너희의 큰 보물이 될 수 있길 바라~

관계의 변화에 대하여

"엄마~ 친구들이 나 빼고 자기들끼리만 만나서 놀았나 봐.
어떻게 그럴 수가 있어?"

"아~ 그래. 속상하겠네. 올해 다른 반이 돼서 그랬나?"

"그래도 그렇지…. 어제까지 제일 친한 친구들이라고 생각했는데
나도 이제 걔들이랑 안 놀 거야~"

새 학년이 되고 딸이 친구들 때문에 엄청나게 속상해했지. 항상 행복해하던 딸이었는데 오랜만에 속상해하는 딸을 보니 마음이 아팠어. 그리고 몇 시간 동안 혼자 마음 아파하다 오히려 시원하게 말을 하자고 해서 그 친구들에게 카톡으로 이야기를 했고 딸은 한 가지 중요한 사실을 깨달았지. 그 친구들은 내가 그 친구들을 생각하는 것만큼 나를 생각하지 않고 있다는 것을. 나는 다른 반이 되었더라도 아직 그 친구들을 가장 친한 친구들로 생각하고 있었는데 그 친구들은 이제 다른 반인 나까지 꼭 같이 챙겨서 놀아야겠다는 마음이 없었고, 왜 그렇게 내가 서운해하는지도 잘 이해하지 못했지.

결국은 서로에 대한 마음이 변했고, 서로를 생각하는 마음의 정도가 달랐기 때문에 이런 상황이 벌어졌다는 것을 인지하고, 딸은 결심했지. 내가 상처 입지 않도록 나도 그냥 그들이 나를 생각하는 만큼만 생각해 주고, 우리 반에서 다른 새로운 친구들에게 관심을 쏟기로. 며칠 동안 그 친구들에 대한 실망감으로 기분이 풀리지 않아서 그 친구들과 인사도 하지 않았지만, 다른 친구들에 집중하면서 오히려 반의 새로운 친구들과 더 친해졌다고 했지.

지금은 친구가 이 세상의 전부인 것 같고 친한 친구가 등을 돌리면 하늘이 무너지는 것 같겠지만 사실 시간이 지나고 보면 전혀 그렇지 않다는 것을 말해 주고 싶어. 나도 초중고 학창 시절에는 죽고 못 살 것 같았던 수많은 친구 중에 지금 연락하고 있는 친구는 다섯 손가락 안에 드는 정도야. 지금 당장은 그 친구가 없으면 큰일이 날 것 같지만 시간이 지나면 기억도 안 나는 경우가 대부분이야.

관계가 변하는 이유는 여러 가지가 있는데 거리가 멀어지거나, 처한 환경과 상황이 바뀌거나, 관심사가 달라졌거나 등으로 서로 안 맞게 되었을 수도 있어. 이렇게 시간이 지날수록 사람들의 관계는 변하는 게 당연한 순리인 것 같아.

사람의 인연에는 두 가지가 있는데 산과 같은 인연과 물과 같은 인연이라고 해. 시간이 지나도 그냥 산같이 그 자리에 항상 있는 인연과 한때 나에게 자극과 배움을 주고 물같이 흘러가는 인연인데 둘 다 인생에서 꼭 필요한 인연들이야. 산 같은 인연은 아주 가끔 연락해도 어색하지 않은 인연, 가족, 스승, 죽마고우 등이 있을 수 있겠지. 살면서 만나는 대부분은 물 같은 인연인 것 같아. 불교 용어에서는 '시절 인연'이라고도 하는

데 모든 인연에는 때가 있어서 그 시절에 맞는 인연과 가깝게 지내다가, 또 세월이 지나 다른 시절이 되면 또 그 시절에 맞는 인연과 친해지게 된다는 거야. 이렇게 물 흘러가듯이 인연도 흘러가는 거지. 한때 나랑 제일 친했다고 해서 늙어 죽을 때까지 그 사람하고 제일 친하게 지내지는 않을 거라는 거야.

이렇게 관계가 변할 때 많은 사람이 힘들어하는데, 그 이유는 관계가 변했다는 것을 또는 변하고 있다는 것을 잘 인정하지 못해서야. 어떤 이유든 간에 모든 관계는 똑같을 수 없고, 조금씩 변하는데 만약 너무 좋은 관계라서 항상 똑같이 친한 관계를 유지하고 싶다면 엄청난 시간과 노력과 에너지를 투자해서 그걸 유지할 수는 있겠지. 하지만 대부분 시간이 지나고, 다른 일에 바쁘고, 그 외 다른 외부적인 요인이 끼어들면 예전과 똑같이 그 관계를 유지하기 위한 시간과 노력, 에너지를 투자하기가 쉽지 않아.

예를 들어 엄마 아빠는 결혼하기 전에 서로에게 많은 시간과 노력과 에너지를 투자했기 때문에 서로 너무 사랑하는 관계가 돼서 결혼하게 되었어. 그 후 너희들이 태어나고, 각자의 일을 가지면서 결혼 전처럼 서로에게 투자할 수 있는 시간이 많지 않고, 자식들과 각자의 일에 투자하는 시간으로 분산되었지. 모든 부부가 결혼 전과 결혼 후의 관계가 똑같지 않은 이유가 이런 점 때문일 거야. 예전보다 시들해졌다고 서로 생각하겠지만 그게 당연한 결과일 수밖에 없어. 서로에게 투자하는 시간과 에너지가 줄어드니까. 그럼에도 불구하고 가족은 다른 사람보다는 서로에게 투자하고 노력하는 시간이 많아서 가족인 것 같아.

만약 이 변화되는 관계를 이해하지 못하면 왜 변했는지 왜 전과 똑같지 않은지 계속 불만이 쌓이게 될 것이고, 괴로워할 수밖에 없어. 내적인 요인이든 외적인 요인이든 어떤 요인에 의해서 관계가 변하기 시작했다면 그냥 변한다는 것을 인정하고, 거기에 맞춰서 나도 변화를 하는 것이 최선이야. 그 사람이 나에게 쏟는 에너지가 줄어들어 변하는 것 같아도 나는 계속 그 사람에게 시간과 에너지를 투자하는 것이 좋다면 힘은 들지만 그렇게 해도 돼. 그러나 나 혼자만 많은 시간과 에너지를 쏟는 것이 싫다면 나도 그 사람과 같이 보조를 맞춰서 적당히 쏟아도 되고. 그렇게 하면 나의 괴로움이 조금 줄어들 수도 있겠지.

나도 학창 시절에는 매일 만나던 절친들과 지금은 일주일에 한 번, 한 달에 한 번, 일 년에 한 번 정도 전화하고 만나고 하지만 아직도 그 친구들을 절친이라고 생각하고 있어. 연락을 자주 하고, 자주 만나는 것만이 절친이 아니라 자주 연락하지 못하고 가끔 소식을 전해도 나와 함께 학창 시절의 추억을 공유했고, 나를 잘 이해하고, 멀리 있는 것만으로 그냥 든든한 친구들이니까. 10대, 20대 초반에는 절친과 집에 갈 때 빼고는 거의 온종일 같이 있었지만 일을 하는 20대 후반이 되면 일주일에 한두 번, 가족이 생기는 30대, 40대 이후가 되면 한 달에 한두 번, 일 년에 몇 번 정도 통화할 수 있는 친구면 절친인 것 같아. 이런 친구들은 물과 같은 인연이었다가 산과 같은 인연으로 변한 것 같아.

너희들도 앞으로 더 자주 관계의 변화가 일어날 거고, 그것에 힘들어할 수도 있겠지만 모든 관계는 변한다는 것을 알고 관계의 변화가 시작되면 변화가 되고 있구나 하는 것을 알아채고 나는 이 변화에 어떻게 잘 대처할 수 있을까 궁리하면 어떤 관계의 변화에도 잘 적응할 수 있을 거야. 이번 변화도 앞으로 있을 변화들도 항상 슬기롭게 잘 대처해 보자~ 파이팅~!

매력적인 사람이 되려면

"어제 우리 반에서 선행 친구 투표를 했는데 ○○○가 뽑혔어~"

"오~ 그래? 그 친구는 어떤데?"

"학기 시작된 지 얼마 안 돼서 착한지는 잘 모르겠지만 친구들한테 인기가 있어."

"뽑히려면 일단 인기가 있어야겠네."

과연 다른 사람들에게 인기가 많은 사람은 누구일까? 이쁜 사람, 착한 사람, 똑똑한 사람, 돈 많은 사람일까?

만화 「안녕 자두야」의 등장인물인 은희처럼 이쁘고 똑똑하고 돈 많아도 오히려 호감이 안 가는 사람도 있고, 착한데 이용만 당하는 사람도 있고, 멋진데도 그를 질투하는 사람이나 라이벌이 많을 수 있고, 돈과 권력이 있어서 인기가 있긴 한데 그 옆에서 혜택을 누리려는 아첨꾼들만 주변에 많을 수 있어.

친구들이나 주변 사람들로부터 진정으로 인기가 있고 존경받는 사람을 한마디로 매력적인 사람이라고 표현할 수 있을 것 같아. '매력적'이란 말은 사전적 정의로는 사람의 마음을 사로잡아 끄는 힘이 있는 것(네이버 국어사전)을 말하는데, 매력적인 사람이라고 하면 왠지 모르게 끌려서 옆에 있고 싶은 사람이면서, 시간이 지나도 기억 속에 오래오래 남아 있고, 잊을 수 없으면서, 나도 그렇게 되고 싶고, 생각하면 기분이 좋아지는 사람이랄까. 그럼 어떻게 해야 그런 매력적인 사람이 될 수 있을까?

아무것도 안 하고 옆에만 있어도 내 기분이 좋아지는 사람이 있어. 그런 사람의 첫 번째는 그 사람의 외모가 너무 멋있고 이뻐서 기분이 좋을 수가 있는데 보고 있지 않거나 늙거나 시간이 지나서 외모가 시들해지면 매력은 시들해질 것 같아. 그냥 옆에만 있어도 기분 좋은 사람의 두 번째는 겉으로 보이는 외모가 아닌 이 사람에게 느껴지는 기운이나 에너지가 좋은 사람도 있는데 이건 그 사람이 내적으로 본인의 기운을 맑게 하는 공부나 수행을 오래 해 왔거나 선행을 많이 쌓아서 그런 좋은 기운들이 쌓여 있을 때 느낄 수 있는 것이라서 단기간에 따라잡을 수는 없는 매력이지. 또 하나는 재미있는 행동이나 웃긴 이야기로 친구들에게 인기가 있을 수도 있는데 재미있는 이야깃거리가 다 떨어지거나 그런 이야기를 안 할 때는 그 사람에게 더는 재미를 못 느낄 수 있겠지.

그렇다면 내가 지금 당장 매력적인 사람이 되기 위해 어떤 노력을 하면 될까?

물론 내가 정말 잘나서 이쁘고, 착하고, 능력 있고, 지혜롭다면 당연히 매력적일 수 있겠지만 하루아침에 이런 사람이 되는 건 너무 어렵고 힘든 일이야. 다른 사람들 앞에서 항상 완벽하게 보이도록 애써야하는 것도 너무 힘들고, 사람들도 오히려 그런 완벽한 사람에게는 접근하기 어렵게 느낄 수도 있어. 그래서 누구나 할 수 있고, 모든 친구가 편하게 접근할 수 있는 매력적인 사람이 되는 방법을 알려 줄게.

핵심은 내 옆에 있을 때 상대방이 기분 좋은 느낌이 들게 하는거야. 그러려면 상대방이 원하는 것을 잘 들어 주거나 상대방을 만족시켜 주면 돼. 잘 사 주고, 잘 도와주면 좋겠지만 상대방이 원하는 것은 물질적이나 육체적으로 계속해 주기에는 한계가 있어.

그렇다면 한계가 있는 물질적, 육체적 말고 정신적으로 상대방을 기분 좋게 해 줄 방법을 찾아야 할 것 같지. 일반적인 사람은 본인이 필요한 사람이거나 재밌는 사람이거나 대단한 사람이라는 기분이 들면 자기 스스로에 대한 자존감이 올라가면서 기분이 좋아지는 것 같아.

내가 만약 상대방이 하는 이야기에 귀를 기울여 주고, 재밌다는 반응이나 대단하다는 반응을 보여 주고, 잘 웃어 주고, 같이 공감해 주면, 상대방은 그런 내 모습에 스스로에 대한 자신감과 자존감이 올라가게 될 거야. 그리고 나와 함께 있을 때마다 그런 기분을 느끼게 되면서 왠지 모르게 나에게 끌리게 되고 나에게 매력을 느끼게 되겠지. 이렇게 본인이 자랑스럽고 본인이 대단한 사람이 된 것 같은 기분을 느끼게 되면 그 친구는 나와 계속 같이 있고 싶어질 거야. 그런 기분을 앞으로도 계속 느끼고 싶으니까.

반대로 나와 함께 있는 친구가 느끼기에 상대방이 나보다 너무 잘나고 이쁘고 대단해서 본인이 초라하다고 느껴지면 그 친구는 나를 부러워하기는 하겠지만 나를 대하기 어려워하거나 시기할 수 있어. 나랑 계속 같이 있는 게 점점 부담스러워질 수도 있고.

이상하지. 내가 대단한 사람으로 보이게 하는 게 아니라 상대방을 대단한 사람으로 보이게 하는 게 매력적인 사람이 되는 방법이라니. 다시 말해 매력적인 사람이란 "저 사람 대단하다."라고 생각되는 사람이 아니라, 나와 함께 있을 때 상대방이 스스로 "난 역시 대단해."라고 느낄 수 있게끔 만드는 사람이라는 거지. 전자는 부러워하고 동경할 수 있지만 가까이 가기엔 너무 먼 당신이고, 후자는 오랫동안 가까이 있고 싶은 친구가 될 수 있는 거야. 그래서 나 스스로 이쁘고, 착하고, 똑똑하고 잘난 사람은 그 사람을 동경하는 사람이나 라이벌이 많고, 다른 사람의 칭찬을 많이 해 주고, 친구의 말을 잘 듣고, 격하게 공감해 주는 사람은 친구들이 많을 거야.

프랑스 철학자 프랑수아 드 라 로슈푸코는 "적을 원한다면, 친구들보다 뛰어난 사람이 되어라. 친구를 원한다면, 친구들이 너보다 뛰어난 사람이 되도록 하라."라고 말하기도 했어.

그렇다고 모든 사람을 대할 때 상대방을 기쁘게 해 주기 위해서 "나는 너무 못났는데 너는 정말 멋지고 대단하구나."라고 하라는 것은 아니야. 오히려 "나도 멋지고 대단하지만, 너도 마찬가지로 멋지고 대단해."라고 해 주라는 의미야. 한번 생각해 봐. 만약 누군가가 나를 멋지고 대단하다고 칭찬한다면 평소에 내가 멋지다고 생각했던 친구가 나를 칭찬해 주는 것과 별로 대수롭지 않은 친구가 나를 칭찬해 주는 것 중 어떤 쪽이 더 기분이 좋을까? 당연히 내가 멋지다고 생각했던 친구가 나를 칭찬해 주는 게 훨씬 더 기분 좋고 인정받는 느낌이겠지? 그래서 위인 중에는 본인을 스스로 대단하게 생각하지 않았는데 존경하는 선생님이나 멘토가 "너 정말 대단하구나."라고 해 준 한마디에 인생이 바뀐 사람들이 많이 있어. 이렇게 너 스스로가 이미 멋진 사람인데, 그런 네가 친구에게 "너 정말 멋지지."라고 해 주면 그 친구는 멋진 친구에게 내가 인정받고 있는 것처럼 느끼기 때문에 진짜로 기분이 좋을 거야. 그러니까 이왕이면 나도 충분히 멋진 사람이 되기 위해 노력하는 한편 친구에게도 칭찬과 인정을 많이 해 준다면 서로에게 도움이 되지.

　단 친구의 공감할 수 없는 행동과 이야기까지 억지로 다 인정할 필요는 없어. 그런 것에도 멋지다고 해 주면 오히려 그 친구가 더 비뚤어진 길로 갈 수 있다는 것은 조심해야 해. 공감을 해 줘야 하는 이야기일지 아닌지 정도는 충분히 구별할 수 있을 거야. 칭찬도 할 곳에 해야지 아무 곳에다 남발하면 안 된다는 거지.

　자~ 그럼 오늘도 매력적인 사람이 되기 위해 친구들이 하는 말을 귀기울여 듣고, 같이 공감해 주고, 친구에게 칭찬 한마디 더 해 줘 볼까? 원래 멋진 네가 친구에게 "너 정말 멋지다. 대단하다." 하는 순간 그 친구는 네 매력에서 빠져나올 수 없을 거야.

👍 추천 도서

데일 카네기 인간관계론(데일 카네기)
칭찬은 고래도 춤추게 한다(켄 블랜차드)

이성 친구에 대하여

"엄마~ ○○이 남자 친구 사귄다는데?
걔는 남자애들하고도 잘 지내. 어떻게 그러지?"

"그래서 부럽다는 거야, 이상하다는 거야?"

"나로서는 이해가 안 가긴 해~
난 대학교 가기 전엔 안 사귈 거야~ 결혼도 안 할지도 몰라~"

"알아서 해~ 나도 학생 때는 결혼 안 할 거라고 했었어."

앞에서는 동성 친구들과의 관계에 대해서 말했는데 이번에는 이성 친구와의 관계에 대해서 말해 보려고 해.

너희들이 아직 미성년인 학생 때는 "학생은 공부해야 하니 무조건 남자를 멀리해라~" 이렇게 말하고 싶지는 않은데 그렇다고 열심히 사귀라고 하고 싶지도 않아. 아직 이성 친구, 이성 교제 이런 게 뭔지도 잘 모르고, 잘못하면 주와 종이 바뀌어서 공부나 다른 할 일을 하나도 못 하고 10대 시절이 다 가 버려서 나중에 후회할 수가 있으니까. 하지만 아예 이성을 모르는 채로 학창 시절을 보내는 것도 바람직하지는 않아. 그러다가 이성에 대해서 아무것도 모르고 20대가 되었을 때 이상한 이성에게 확 끌려 버릴 수도 있으니까.

사람마다 초중고등학교 학창 시절에 이성 친구가 있는 게 좋다, 없는 게 좋다는 것에 대해서 서로 의견이 다르고, 나에게 남자 친구나 남편이 있을 때도 다른 이성 친구(남사친)와 연락을 할 수 있다, 없다는 것에 대한 의견도 분분해. 내가 생각하는 결론을 말하면 그건 사람마다 다르다가 정답인 것 같아.

어쨌든 이번 주제에서는 이성 친구를 사귀는 게 좋다, 안 좋다를 떠나서 바로 본론으로 이성을 만날 때 이성 친구 관계든 아니면 남사친(여사친) 관계든, 동료 관계든 어떻게 하면 그 사람과 잘 지낼 수 있을지, 어떻게 맘에 드는 이성이 나에게 호감을 느끼게 할 수 있는지 그 방법에 관해서 이야기해 볼까 해. 어차피 이 책은 내가 알고 있는 모든 노하우를 너희에게 알려 주려고 쓰는 거니까.

이성 친구와 잘 지낼 방법은…. 한마디로 요약하면 앞에서 말했던 동성 친구와 잘 지내는 방법과 똑같아. 뭐 대단한 게 있을 줄 알았지? 내가 겪어 보니 이성 친구라고 해서 동성 친구와 별다를 건 하나도 없어. 일단 외모에 끌려 호감을 느끼는 것은 이성 친구든 동성 친구든 관계없이 누구나 다 같은 마음일 거야. 하지만 외모는 우리가 노력해서 얻을 수 있는 것은 아니니까 (물론 살을 빼고, 화장을 하고, 수술을 하는 것은 노력해서 얻을 수 있긴 한데 그 방법에 대해서는 내가 굳이 말해 줄 필요는 없을 것 같고) 이 주제에서는 외모 아닌 것에 초점을 맞추어 내가 지금 노력할 방법이 무엇인지에 대해서 알려 줄까 해.

이성에게도 동성과 마찬가지로 친절하고 상냥하고 웃는 얼굴로 대하면 일단 그런 상대에게 호감이 가는 것은 당연할 거야. 자기 말에 관심을 가지고 호응해 주고 잘 웃어 주는 사람, 자기를 믿어 주고 칭찬해 주는 사람에게 끌릴 거야. 그 사람이랑 있으면 내가 대단한 사람이 된 것 같은 기분을 느낄 수 있을 테니까. 여기까지는 일반적으로 앞에 매력적인 사람이 되는 법하고 내용이 비슷하지. 그리고 그 외 개인적으로 끌리는 다른 요소가 있겠지만 그러한 것은 사람마다 그 상황과 인연과 개인적인 취향이 다르니까 한마디로 요약할 수는 없을 것 같아.

그럼 구체적으로 내가 좋아하는 사람이 있는데 그 사람이 나를 좋아하게 하고 싶다면 어떻게 해야 할까? 사실 나도 경험이 많지는 않아서 잘 몰라. 그럼에도 불구하고 직접이든 간접이든 너희보다는 많은 경험을 했을 테니 참고는 될 거야. 우선 가장 간단한 방법으로 직간접적으로 좋아한다는 티는 내줘야 하겠지. 사람에 따라서 바로 알아채는 사람도 있고, 아무리 티를 내도 잘 모르는 사람이 있겠지만 직접 고백해도 좋고, 부담스럽지 않게 간접적으로 고백해도 좋고, 계속 티를 내면서 시선을 보내도 좋고. 그렇게 해서 "내가 당신을 좋아한다."라는 티를 은근히 또는 확실하게 내게 되면 그쪽도 나에게 관심이 있다면 표현을 하거나 답을 하겠지. 확실한 티를 내도 답이 오지 않거나 거절을 한다면 그럼 인연이 아니니 쿨하게 그냥 맘을 접어야지. 괜히 쫓아다닌다고 그 사람이 나에게 오지는 않는 것 같아. 대신 어색하지 않게 친구나 동료로 다시 잘 지내다 보면 시간이 지나고 그 사람 맘이 바뀔 수도 있고 언젠가 다시 좋은 기회가 올 수도 있어. 예를 들어 처음에는 그 사람이 다른 사람을 맘에 들어 해서 나에게 관심이 없었는데, 시간이 지날수록 나를 더 좋아할 수도 있고.

그리고 또 다른 방법으로 네가 맘에 드는 상대하고 서서히 시간을 두고 깊이 있는 대화를 하는 방법도 추천해. 보통 동성 친구하고는 속에 있는 것을 터놓고 깊은 대화를 나누는데 이성 친구하고는 속에 있는 이야기는 하지 않고 의미 없는 이야기만 하는 경우가 많지. 이성과도 충분히 깊이 있는 이야기를 나누고 서로 속을 터놓을 수 있으면 상대방도 너와 있으면 맘이 편하고 안정을 느끼기 때문에 더 가까워질 수 있을 거야. 너로서도 그 사람이 어떤 사람인지 더 깊이 있게 알 수 있으니 진짜 너와 잘 맞는 사람인지 확인할 수도 있고, 또는 나중에 사이가 발전해서 연인이 되더라도 정신적으로 깊은 대화를 나누었으니 좋은 관계가 더 오래갈 수 있을 거야.

여기서 이성과 동성의 차이점 중 알아야 할 중요한 것이 있어. 만약 내가 좋아하지도 않는 이성이 나를 좋아하게 된다면 그것 또한 신경 쓰이고 골치 아픈 일이야. 특히 내 맘에 들지도 않는 이성에게 고백받았다가 거절이라도 하면 오히려 좋았던 친구나 동료 관계가 엉망이 될 수도 있고, 어쩌면 내가 진짜 좋아하는 사람과의 관계가 어색해질 수도 있고, 또는 거절당한 상대가 마음의 상처를 입고 나에게 어떤 해를 입힐 수도 있어. 특히나 남자와 여자, 또는 성격마다 표현과 받아들이는 정도가 달라서 난 그냥 우정으로 호의를 베푼 것인데 자기를 좋아한다고 오해할 수도 있어.

실제로 요즘 뉴스에 좋아하던 이성에게 거절당했다고 상대방을 해치는 경우도 많지. 내 가까운 친구 중에도 누구에게나 친절하고 상냥한 친구가 있었는데 너무 여러 남자가 그 여자를 좋다고 쫓아다니는 바람에 한때 아주 힘든 적이 있었어. 친구는 전혀 관심도 없는 이상한 남자들이 고백을 하고, 심지어는 집 앞 트럭에서 생선 파는 남자나 유부남까지도 좋다고 쫓아다녔지. 나중에는 무서워서 그 사람들 어떻게 피해야 할지

심각하게 고민도 했어. 이렇게 이성에게 친절하고 상냥한 건 좋지만 필요 이상으로 그 사람이 오해할 만하게 행동하는 것은 조심해야 해. 만약 친구나 동료 이상의 감정이 아니라면 그 사람이 착각하지 않게 애매한 행동을 해서도 안 돼. 나는 그냥 웃은 것뿐인데 상대방은 "나를 좋아해서 웃었다."라고 생각할 수 있거든. 다시 말해서 내가 맘에 들지도 않는 이성이 나에게 고백할 수 없도록 선을 그을 필요가 있어. 속칭 어장 관리도 필요하지만 내가 좋아하지도 않는 사람에게 고백을 많이 받는 것은 마냥 좋은 일만은 아니야. 특히 요즘 세상에 별의별 사람이 다 있어서 더 조심해야 할 것 같아.

여기까지 이성 친구와 잘 지내는 나의 경험에 대해 다시 한번 정리하자면.

- 이성 동성을 구분하지 말고 잘 지낸다.
- 그러다가 맘에 드는 사람이 있다면 좋아한다는 신호를 보내기도 하고 맘을 터놓을 수 있는 대화도 나눠 보면서 그 사람을 깊이 있게 파악한다.
- 친구 이상의 감정이 아닐 때는 확실하게 선을 그어 이성 관계로 넘어오지 못하게 한다.
- 너무 급하게 다가가지 말고 천천히 오랜 시간 서로에 대해서 알아 간다.

이 정도가 내가 너희들에게 전해 줄 수 있는 '노하우'인 것 같아. 앞으로 내가 알려 준 이런 방법들에 시대의 흐름에 맞추어, 본인 나름의 방법을 더 추가해서 이성 친구와도 잘 지내며 즐거운 경험들을 많이 하기를 바라.

다른 사람의 칭찬과 기대에 대하여

"엄마, 친구들이 자꾸 시험 보면
나한테 와서 몇 점이냐고 물어봐. 부담스러워."

"네 점수가 궁금한가 보지.
만약 너한테만 안 물어봐도 기분 나쁠 것 같은데…"

"그래도 나한테 사람들이 기대하는 게 부담스러워.
엄마 아빠도 난 잘할 거라고 항상 믿는데 그것도 부담스럽고."

어젯밤에 딸한테 이런 말을 듣고 나서 나를 한번 돌아보게 되었지. 나는 지금까지 "넌 왜 이렇게 못하니, 이것도 몰라, 다른 애들은 잘하는데…" 등의 부정적인 이야기나 비교하는 이야기는 하지 않으려고 노력했어. 대신 "괜찮아, 넌 원래 똑똑하니까, 실수겠지, 앞으로 잘할 거야, 훨씬 잘할 수 있을 거야."라는 말들을 해 왔었지. 그런데 딸의 말을 들어 보니 그런 말들도 사실 부담스러울 수 있구나 하는 것을 느꼈어.

솔직히 말하면 우리 아이들은 항상 잘 할거야라는 기대를 품고 있었던 게 사실이고, 만약 이 기대에 부응하지 못하면 어떤 기분이 들까 생각해 보니 조금 실망할 것 같더라고. 그래서 스스로 반성했지. 그런데도 나는 아직도 너희들은 충분히 잘할 것 같다는 생각이 들어. 특히 너희들이 더 잘할 수 있는데 노력을 하지 않아서 결과가 안 좋다면 분명 실망할 것도 같아.

이번 주제는 이런 다른 사람의 기대와 칭찬에 관한 이야기야. 지금 딸의 상황처럼 다른 사람들이 자기에게 많은 기대를 하고 있는데 그 기대에 못 미치면 부담스럽고 스트레스를 받겠지. 이렇게 나를 위해서가 아니라 주변 사람들의 기대에 부응하기 위해서 그리고 칭찬받기 위해서 열심히 사는 사람들이 참 많이 있는 것 같아. 실제로 어린아이들의 경우에는 아직 동기부여나 목표가 없어서 부모님의 칭찬을 받으려고 열심히 공부하고 착하게 구는 아이들이 많은 것이 사실이고. 그런데 그건 나를 위해서 사는 것이 아니라 다른 사람들을 위해서 사는 삶이 될 거야.

만약 너희들이 자신을 위해서 산다면 다른 사람들이 너한테 기대를 하건 말건 너는 최선을 다했으니 그 결과에 관해서 부담스러워할 필요가 없어. 난 최선을 다했으니까 하고 툭툭 털어 버리면 돼. 그리고 만약 내가 최선을 다하지 못해서 실망스러운 결과가 나왔다면 그건 다른 사람들의 기대에 못 미쳤기 때문에 실망하는 것이 아니라 나 스스로 최선을 다하지 못했구나 하고 스스로에게 실망해야 하는 거야. 이렇게 어떤 결과에 대해서 잘했든 못했든, 실망하거나 보람을 느끼거나 하는 건 다른 사람 때문이 아니라 나 때문이라는 걸 알아야 해.

얼마 전 수능 본 지인의 아이가 시험 중 실수를 해서 자기가 생각한 것보다 점수가 좋게 나오지 않았어. 스스로 엄청나게 실망했었지. 하지만 그 부모님은 그 아이가 몇 년 동안 얼마나 최선을 다했고, 1분도 낭비 없이 열심히 했다는 것을 다 알기 때문에 안타까워는 했을지라도 실망하지는 않았지. 결과가 어떻게 나오더라도 그것 또한 최선을 다한 결과일 테니 자기가 원하는 곳에 진학을 못 하더라도 그 또한 그 사람의 길이라고 생각해. 훗날 내 인생을 돌아봤을 때 왜 그런 결과가 나왔는지 그 결과로 내 인생이 어떻게 달라졌는지를 돌이켜 보게 되면 그때 그 실수로 인해서 내가 이 길로 가게 되었다는 것을 이해할 날이 올 거야. 그리고 그 실수 때문에 내 인생이 완전히 달라졌지만 그게 나에게는 최선의 길이었다고 납득이 되기도 할 거야.

나도 재판을 하면서 항상 이기기만 하는 것은 아니야. 의뢰인들은 승소를 기대하고 나에게 일을 맡기지만 진짜 열심히 했는데도 재판의 결과가 좋지 않은 경우도 있어. 하지만 의뢰인의 기대를 떠나서 신경이 쓰이는 때는 "내가 이렇게 했었으면 승소할 수 있었을까." 하고 나 스스로 아쉬움이 남을 때야. 나는 진짜 최선을 다해서 했는데도 패소했다면 의뢰인도 내가 최선을 다했다는 것을 알기에 어쩔 수 없었다고 이해하고 나도 결과에 미련이 없어.

이렇게 다른 사람들의 기대나 칭찬 등을 바라고 무엇인가를 한다면 부담스럽고, 실망하고, 스트레스받을 일들이 많겠지만, 내가 스스로 원해서, 최선을 다해서 공부하고 일하고 무엇인가를 한다면 나중에 어떤 결과가 나오건 나 스스로 실망하는 일은 없을 거고, 난 최선을 다했으니 이건 하늘의 뜻이라고 편하게 받아들이게 될 거야.

앞으로 너희들이 그런 삶을 살았으면 해. 다른 사람을 만족시키기 위한 삶이 아닌 나 자신을 만족시키기 위한 삶. 다른 사람의 기대 때문이 아니라 나 자신의 만족을 위해서 공부도 하고, 내가 갈 길도 결정하기를 바라. 그리고 그 결정에 실패는 있어도 후회는 없도록 오늘도 최선을 다하자~

나에 대한 평가에 대하여

"엄마~ 그 애는 나를 잘 모르는 것 같아.
난 그런 사람이 아닌데 나를 그런 사람으로 생각하는 것 같아.
나에 대해서 일일이 다 설명해 줄 수도 없고
어떻게 하면 나에 대해 잘 알게 해 줄 수 있을까?"

"그래~? 네가 어떤 사람인데?"

"글쎄~ 이런저런 사람?"

"확실해?"

"아마도? 그렇게 물으니 잘 모르겠네…"

살아가면서 많은 사람이 신경을 쓰는 부분 중 하나가 다른 사람이 나에 대해서 내리는 평가일 거야. 내가 다른 사람에게 어떻게 보이는지, 좋은 사람으로 보이는지, 재밌는 사람으로 보이는지, 돈 많고 행복하게 사는 것처럼 보이는지 등등 나에 대한 다른 사람의 시선과 평가가 엄청 신경이 쓰이지. 그래서 요즘은 다른 사람에게 나를 더 잘 보이게 하려고 인스타그램, 페이스북, 유튜브 등 SNS에 내가 사는 모습을 더 잘 포장해서 올리는 게 유행이기도 하지. 그걸 보면서 만족하고 질투하고 부러워하고 힘들어하기도 하고. 이렇게 요즘 세상은 나에 대한 다른 사람의 평가를 신경 쓰게끔 하는 매체들이 너무 많아.

그렇다면 사람들이 나를 좋은 사람으로 평가하면 뭐가 좋을까? 또는 반대로 좋은 사람이 아닌 사람으로 평가하게 되면 나에게 미치는 영향은 뭘까? 친구들이 더 많아지고, 돈을 더 잘 벌고, 공부를 더 잘하게 될까? 그런 것들에 조금은 영향을 미칠 수 있겠지. 하지만 내가 좋은 사람으로 보이고 싶어 하는 궁극적인 이유는 결국 나의 행복을 위해서일 거야. 사람들이 나를 좋게 평가하게 되면 나도 기분이 좋고 행복해질 것 같으니까.

그럼 왜 사람들이 그렇게 평가하면 내 기분이 좋아지는 걸까? 사람들이 나를 좋게 평가한다고 해서 바로 먹을 게 더 많아진다거나 돈이 많아진다거나 더 이뻐진다거나 공부를 더 잘하게 되는 것도 아닌데 말이지. 아마도 그건 나의 자존감이 높아지기 때문이겠지. 다른 사람들이 나를 평가하는 것에 따라서 나 스스로에 대한 만족도가 높아지고 다른 사람들이 나를 좋게 볼수록 "역시 나는 이런 훌륭하고 좋은 사람이구나."라고 나 자신을 평가하면서 자존감이 높아질 수 있어서가 아닐까.

그렇다면 다른 사람이 나를 어떻게 평가하건 말건 나에 대한 믿음이 있어서 "나는 스스로 좋은 사람이야."라고 생각하면서 살아간다면 어떨까? 그런 사람은 원래부터 자존감이 높으므로 외부의 시선이나 다른 사람들의 평가에 흔들리지 않고 그냥 행복할 수 있을 거야.

위인 중에는 학창 시절 괴짜거나 다른 사람들과 잘 어울리지 못해 친구가 없어서 책만 읽으면서 지내다가 훌륭한 사람이 된 사람들이 꽤 있어. 그렇다고 친구가 없던 모든 사람들이 다 위인이 되는 것은 아니지만 친구가 없던 사람 중에서 성공한 사람은 성격이 사교적이지는 못해도 자기 스스로에 대한 자존감은 높았을 거라 생각해. 그래서 나에게 부정적이거나 나를 좋아하지 않는 친구들이 있든 없든 신경 쓰지 않고 나의 일에 몰두할 수 있었던 거지. 만약 그 사람들이 일일이 주변의 반응과 평가에 신경 썼더라면 "나는 왜 친구가 없을까?" 괴롭고 고민하고 자책하면서 시간을 보냈을 거야.

그러니 다른 사람의 평가에 전혀 신경을 쓸 필요가 없어. 내가 다른 사람에게 피해만 주지 않는다면 남이 어떻게 나를 생각하든지 나에 대해서 무슨 말을 하든지 그건 그 사람 생각일 뿐이고 그 사람 문제지 나의 문제는 아니라는 거야. 단 내가 그 말들에 신경을 쓰기 시작하면 그때부터 그건 나의 문제가 되기 시작하는 거지.

원래 다른 사람들은 남에 대해서 잠깐 관심을 가졌다가 다시 시간이 지나면 완전히 잊어버려. 연예인들에 관한 관심만 봐도 오늘 뉴스가 뜨면 하루이틀 정도 얘기하다가 며칠 지나면 다시 잊어버리지. 그런데 악성 댓글에 신경 쓰는 연예인들은 다른 사람의 시선에 너무 신경을 쓰다가, 나 스스로 불행해지고, 그걸 못 참고 심지어는 자살을 하기도 해. 하지만 자존감이 높은 연예인들은 오히려 그 악성 댓글러에 대응해서 같이 공격하기도 하고, 재치 있게 받아치기도 하고, 또는 아예 신경 쓰지 않고 무대응으로 대처하지.

이렇게 모든 사람의 관심을 받는 연예인들이야 사람들의 관심을 먹고 사니까 다른 사람들의 시선을 신경 쓰는 것이 당연하겠지만, 연예인도 아닌 일반 사람은 남의 시선이나 평가에 더욱 신경을 쓸 필요가 없다고 생각해. 그리고 살면서 알게 된 사실은 일반인 중 특히 다른 사람들보다 더 잘나거나 돋보이는 사람은 주변 사람들의 관심을 더 많이 받는다는 것이야. 그게 질투든 부러움이든 동경이든 사람들은 나보다 더 이쁘고, 멋지고, 돈 많고, 잘나가는 사람에게 관심을 가지고 그 사람에 관해서 이야기하고 싶어 하는 게 당연해. 그래서 잘난 사람일수록 더 많은 사람의 입에 오르내리게 되고, 더 많은 평가를 받게 되고, 더 질투하는 사람들도 많은 게 사실이더라고.

그러니 가끔 나에 대해서 주변 사람들이 말이 많으면 내가 너무 잘나서 그럴 수도 있겠다고 생각하고 관대하게 넘어가도 돼. 다른 사람한테 피해 주는 행동만 하지 않았다면 그런 관심들에 신경 쓰지 말고 내 할 일만 잘하고 있으면 아무 문제 없어.

너희들도 앞으로 살다 보면 이러쿵저러쿵 관심을 많이 받을 수도 있을 테지만, 그런 경우가 생겨도 사람들이 나에게 관심이 많구나 하고 좋게 생각하고 너희 할 일만 열심히 하길 바라. 결론적으로 타인이 나에 대해 평가하는 것에 대해서 신경 쓰지 말고, 그럴 시간 있으면 난 지금 무엇을 해야 더 행복할지에 집중하자~

👍 **추천 도서**

미움받을 용기(기시미 이치로, 고가 후미타케)

 ## 타인에 대한 평가에 대하여

"엄마, A는 자기가 필요할 때만 나를 찾고,
필요 없을 때는 아는 척도 안 해.
그리고 B는 욕을 많이 쓰고 말이 험해. 장난이긴 한데 불편해."

"음, 그렇구나. 그럼 너는?
다른 친구들은 너에 대해서 어떻게 생각할까?
완벽하고 흠잡을 데 없는 친구일까?"

"하하하…. 그건 절대 아니지~"

나에 대한 평가에 이어 이번에는 타인에 대한 평가에 관해서 이야기해 볼까.

너희들은 가끔 학교 친구들에 대해 평가를 하지. 솔직히 나랑 성격이 똑같은 친구가 있다고 해도 내 마음에 100% 들지는 않을 거야. 그건 친구도 그렇고 애인도 그렇고 남편도 그렇고 가족도 그래. 누구도 나랑 딱 맞기 어렵고, 나랑 성격이나 가치관 등이 비슷하다고 하더라도 내 마음에 완벽하게 맞지 않는 것은 당연한 거야.

왜냐하면, 첫째, 모든 사람은 다 다르기 때문이고, 둘째, 모든 사람은 변하기 때문이지.

　모든 사람은 살아온 환경도 다르고, 성격도 다르고, 생김새도 다르고, 생각하는 것도 다르고, 모든 것이 다 달라. 그리고 시기마다 상황마다 계속 변하는 게 사람이야. 모든 사람은 한 시간 전, 일 분 전과 똑같지 않고 모두 계속 변하고 있지. 하지만 나와 다르다고 해서 그 사람이 틀린 것은 아니야. 이렇게 서로 다른 것은 당연한 거니까 그냥 그 다른 것을 인정하고 이해하고 적응하는 수밖에 없어.

　그리고 일 분 전에는 맘에 들었어도 일 분 후에는 맘에 안 들 수도 있어. 그건 그 사람도 변하고, 나의 마음도 변할 수 있기 때문이지. 그래서 100% 완벽하게 맘에 드는 사람을 평생 내 옆에 둘 수가 없는 것은 너무나 당연한 사실이야.

　또한, 다르다는 것은 나에게 없는 것을 상대방이 가지고 있는 것이기 때문에 배울 점도 되는 거야. 예를 들어 나 자신이 너무 소심하다고 생각하는 사람은 활발한 친구를 보고 나와 다른 그런 점을 더 좋아하기도 하고, 나 자신은 게으른데 성실한 친구를 보면 나에게 없는 점이 부러워서 배우고 싶기도 해. 그래서 타인을 대할 때는 그 사람이 나랑 다른 게 당연하기에 나는 그 다른 점 속에서 어떤 것을 배우고, 받아들일지만 결정하면 돼. 또 친구의 안 좋은 면을 보고도 무조건 배척만 하지 말고 저 안 좋은 면을 보면서 나는 저렇게 하면 안 되겠다는 것이라도 배울 수 있을 거야.

　우리는 얼핏 나랑 비슷한 생각을 가지거나 나랑 비슷한 성격의 친구들이 나랑 잘 맞을 거라고 생각을 하지. 그런데 신기한 것은 대부분의 친한 친구를 보면 성격이 아주 다른 친구들이 오히려 절친인 경우가 많아. 나는 활발한데 친구는 조용하고 내성적이고, 나는 고민을 잘 안 하고 긍정적인데 친구는 깊이 고민하고 비판적인 생각을 한다거나, 나는 뭐든 계획하지 않고 행동부터 하는데 친구는 계획하고 오랜 시간 준비한 후에야 행동에 옮기고. 이렇게 나랑 다른 성격이니 서로 보완해 주면서 내가 놓치고 있는 것을 그 친구가 챙겨 주기도 하고, 그 친구가 고민하는 것을 새로운 나의 시점으로 해결해 주기도 하면서 절친이 된 것 같아.

그래서 친한 친구뿐만이 아니라 연인이나 결혼한 부부들도 성격이 다른 사람들끼리 서로 끌리는 경우가 많은 것 같아. 나의 경우도 남편, 절친들의 MBTI(성격유형)가 나와는 정반대라는 것을 얼마 전에 알았어. 이렇게 서로 다른 사람들끼리 만났을 때 처음에는 나에게는 없는 점을 저 사람은 가지고 있구나 하고 끌려서 그 점이 너무 좋아 만났는데, 시간이 지날수록 그걸 잊어버리고 왜 저 사람은 나와 저렇게 다를까 하고 이해하지 못하기도 하지.

특히 요즘 유행하는 MBTI(성격유형) 검사 결과를 보면 가족, 친구들 모두 다른 유형이야. 그 결과를 놓고 보니 왜 같은 상황에 사람마다 서로 다른 반응을 하는지 이해가 되었지. 공부하는 태도, 사람을 대하는 태도, 삶의 가치관, 외향적인 것, 긍정적인 것까지 모두 다를 수밖에 없는 게 당연한 거였어.

이 세상 사람들은 당연히 나와 다를 수밖에 없으니 "저 사람은 왜 나랑 다를까? 이상하다."라고 생각하는 것이 오히려 이상한 생각이야. "저 사람은 나와 다르구나. 당연하지. 단지 다를 뿐이지 틀린 게 아니야."라고 생각한다면 모든 사람과 친구가 될 수 있고 모든 사람을 편견 없이 볼 수 있을 거야.

하지만 살다 보면 나랑 다른 걸 넘어서서 틀린 행동을 하는 것 같은 사람도 있긴 해. 그런데 그게 아주 심하게 타인에게 해를 주거나 잘못하는 것이 아니라면 대부분의 틀렸다고 생각한 행동 역시 내가 만들어 놓은 어떤 틀 안에서 행동을 하지 않았기 때문에 틀린 것처럼 보일 뿐이지 그 사람의 기준에서는 틀리지 않았을 수도 있어.

예를 들어, 나는 욕하는 것은 틀린 행동이라고 생각하고, 게으른 것은 그럴 수 있다고 생각하지만, 성실함을 중요하게 생각하는 다른 친구는 게으른 것을 이해할 수 없어 하고 오히려 욕하는 것은 그럴 수 있다고 생각할 수 있겠지. 다른 예로 누구는 남녀 차별적인 말에 엄청 화를 내고 그런 말을 하는 사람을 이해 못 하겠지만, 지저분한 친구는 그럴 수도 있다고 이해를 잘하기도 하지. 하지만 오히려 남녀 차별 발언은 잘 넘길 수 있어도 지저분한 사람을 참을 수 없어 하는 다른 친구도 분명히 있을 거야.

이렇게 사람들은 내가 생각하고 규정지어 놓은 틀에 맞추어 사람들을 평가하고 구분을 지으며 내 기준에 맞지 않으면 틀린 행동이라고 말하지. 하지만 그 틀에 관한 규정조차도 사람마다 모두 다르다는 것을 인정하게 되면 그게 꼭 틀린 것도 아니라는 것을 알게 되면서 비판하거나 평가하는 것을 멈출 수 있을 거야.

친구가 나랑 다르지만 그게 틀린 것은 아니니까 친구의 다른 점에 대해서 내가 수용하고 참아 줄 수 있거나 나에게 없는 배우고 싶은 점이라면 오히려 친한 친구가 될 수 있어.

자~ 그럼 이제 친구에 대한 평가를 멈추고 나와 어떤 다른 점이 있는지 살펴보고 그 다른 점에서 내가 배울 수 있는 건 뭐가 있을지 한번 보자~ 모든 친구가 다 내가 배울 어떤 점을 가지고 있다는 것이 보일 거야~

다른 사람을 이해하는 방법

"엄마~ 나는 정말 이해가 안 돼~
나라면 그렇게 안 할 텐데 어떻게 그렇게 행동할 수 있지?"

"글쎄…. 너랑 다르니까~?"

"그래도 해도 되는 것과 하면 안 되는 것은 구분해야지~"

"그 기준도 너랑 다를 테니까~"

 이건 앞의 주제인 타인에 대한 평가와도 비슷한 내용일 수 있는데, 앞의 주제가 타인이 나와 다르다는 것을 인정하는 것이라면 이번 주제는 내 기준에 맞지 않는 행동을 하는 타인을 이해하는 방법이라는 점에서 조금 차이가 있는 것 같아.

 이해(理解)라는 말은 사전에서는 "사리를 분별하여 해석함, 깨달아 앎, 잘 알아서 받아들임."이라고 되어 있고 이걸 사람과의 관계에 적용한다면 다른 사람을 이해한다는 것은 그 사람을 잘 알아서 받아들인다는 것이지. 그래서 그나마 잘 아는 가까운 가족이나 친구 사이는 그 사람을 서로 잘 알기에 받아들이기도 쉬울 테고 더 이해가 쉽게 되는 것일 거야.

그렇다면 이 타인을 어떻게 잘 이해하면서 이 세상을 살 수 있을까? 이걸 위해서 아래 두 가지를 기억하면 조금 쉬워질 것 같아.

첫째, 타인의 이해할 수 없는 행동이라도 모두 그 나름의 이유가 있다.
둘째, 타인의 행동에 대한 시비를 내 기준으로 판단하지 마라.

첫째, 모든 행동에는 그 나름의 이유가 있어. 다른 사람의 행동을 보고 나랑 다르거나 정해진 규칙, 나의 예상과 다르면 잘 이해를 못하지. 하지만 각자의 삶이 다르고, 살아온 환경이 다르기에 로봇이 아닌 이상 같은 생각을 하고 같은 행동을 하는 것은 원래 불가능해. 그런 행동을 하는 그 사람 나름의 이유가 있고, 그 사람 나름의 환경이 있고, 아무도 모르는 그 사람만의 생각이 있지. 그걸 고칠 수도 없고, 바꿔 줄 수도 없어. 그냥 그대로 받아들이거나 그렇지 않으면 내가 멀리하는 수밖에….

내가 맡은 사건에서 형사 소년범들을 살펴보면 그 사람의 남다른 환경과 그 환경 속에서 보낸 힘든 시간이 그 사람으로 하여금 죄를 짓게 만든 경우가 대부분이야. 내가 대학생 시절에 소년원(소년범들이 같이 모여 생활하고 배우는 교육기관) 봉사를 가끔 하였는데 거기에 있던 아이들은 대부분 부모님이 안 계시거나 가정환경이 안 좋아서 보살핌을 잘 받지 못했던 아이들이었어. 그런 사정을 알게 되니 그 아이들이 이해가 되었지. 좋은 환경에서 좋은 교육을 받고 자랐으면 여기 오는 일이 없었을 거라는 생각도 들었어. 어떤 고등학생은 부모님이 안 계시고 너무 배가 고파서 편의점에서 삼각김밥이나 빵을 여러 번 훔쳐 먹다가 교도소에 들어온 경우도 있었어. 부모님이 있고 먹고 싶은 걸 다 살 수 있는 너희로서는 상상이 잘 안되지?

 그래서 내 생각과 잣대로 다른 사람의 삶과 행동을 함부로 평가하거나 절대로 이해할 수 없다고 비판할 수만은 없는 거야. 그 사람은 우리와 다른 삶을 살았고, 우리는 그 사람의 인생을 다 알지 못하니까.

 둘째, 타인의 행동에 대한 시비를 내 기준으로 판단하지 마라. 이건 타인에 대한 평가에서 언급했지만 한 번 더 반복해 볼게. 이 말은 어떤 사람의 행동이 옳다, 그르다를 내 기준으로 판단하지 말라는 거야. 어떤 사람이 어떤 행동을 한 것에 대해서 우리는 이러쿵저러쿵 말이 많지. 잘못된 행동이라느니 이상한 사람이라느니…. 하지만 앞에서 말한 대로 모든 행동에 그 사람 나름의 이유가 있다면 그 행동에 대해서 역시 내 기준으로 옳다, 그르다를 판단할 수는 없을 거야. 그 사람은 당시에 본인이 생각했던 행동 중에 가장 필요한 한 가지를 선택해서 한 행동이고, 그 행동에 대해서 내가 그 사람이 아닌 이상 어떤 판단도 할 필요가 없지. 그 행동에 대한 책임은 그 사람이 받을 거야. 나는 그러한 행동을 보면서 나라면 저렇게 하지 않았을 거라는 생각을 하거나 나를 되돌아보는 판단을 할지언정 그 행동은 잘못된 것이고, 그 사람은 나쁘다 등의 남을 평가하는 판단까지 할 필요가 없는 것이지. 그 사람은 나와 다른 판단을 하고 다른 선택을 했을 뿐 틀린 거라고 단정할 수는 없다는 말이야.

 예를 들어 빵을 훔치는 어떤 사람의 행동이 잘못된 것 같아도 그 빵이라도 훔쳐야 며칠 동안 굶주린 동생 배를 채울 수 있다면 그 당시 그 사람으로서는 살기 위해서 훔치는 것이 무조건 잘못되었다고는 할 수 없겠지. 법적인 예를 들어 보자면 사람을 죽이는 것은 잘못이지만 만약 저 사람이 나를 죽이려 해서 어쩔 수 없이 내가 방어하다 그 사람이 죽었다면 그건 정당방위로 인정될 수 있는 행위야. 그냥 단지 사람을 죽였다는 사실이 같다고 해서 심심해서 죽인 사람과 방어를 하다 죽이게 된 사람 둘 다 잘못했다고 말할 수는 없겠지. 또 다른 예를 들자면 신호등을 위반하는 것은 잘못된 행동이지만 만약 응급환자가 타고 있어서 그 사람을 살리기 위해서 어쩔 수 없이 신호를 위반하는 경우처럼, 결국 신호등을 위반하는 모든 경우가 다 잘못되었다고 할 수는 없겠지. 또 한 가지 예로 담배를 안 피우는 사람은 담배 피우는 사람을 보면 이해할 수가 없지만 담배 피우는 사람의 이야기를 들어 보면 밥보다 담배를 꼭 피워야 하는 이유를 백 가지, 천 가지도 댈 수 있을 거야. 안 피우는 사람은 전혀 이해할 수는 없는 이유겠지만…. 이렇게 보면 이 세상에서 완전히 잘못되고 틀렸다고 말할 수 있는 상황은 거의 없을 거야.

결국, 타인을 이해하려면 나를 놓아야 하고, 내 입장이 아닌 그 사람의 입장에서 생각해야 해. 그리고 영어로 이해는 understand야. 그 사람의 아래에 서서 이해를 해야지 위에서 내려다보면 이해하기 힘들어. 상대방의 위치보다 더 나를 낮출 때 상대를 온전히 이해 할 수 있어.

그런데도 내가 그 사람이 아닌 이상, 그 사람 입장을 완전히 이해하기는 불가능하지. 나도 나를 다 이해할 수 없는데 남을 이해한다는 것은 정말 어려운 일이야. 만약 노력해도 어떤 사람의 행동이 계속 이해하기 힘들다면? 그때는 굳이 이해하려고 하지 말고 이해할 필요도 없고 그냥 내가 이해하기 쉬운 사람과 어울리는 것이 나의 에너지를 낭비하지 않는 방법이기도 해.

결론적으로 다른 사람의 행동에 그 사람 나름의 그럴 수 밖에 없는 환경과 상황이 있다고 생각하면 타인의 어떤 행동을 봐도 이해가 될 거야.

그리고 나를 내려놓고 상대방의 처지에서 또는 상대방보다 더 낮은 위치에서 생각해 보는 노력을 하면 상대방을 조금 더 이해할 수 있을 것 같아.

옳고 그른 것의 기준

"나는 그게 옳다고 생각해."
"나는 꼭 그런 건 아니라고 생각해. 안 그럴 수도 있지.
나중에 누가 행복할지는 아무도 모르는 거야."
"그래, 나도 통계적으로는 저 말이 맞지만,
그 말도 일리가 있다고 생각해."

지난밤 우리 가족은 어떤 주제에 관해서 열띤 토론을 벌였지. 서로 생각하는 바가 달라서 흥분해서 각자의 생각이 옳다며 열렬히 주장했지. 하지만 정답은 없었어. 과연 누구의 말이 맞는지 누구의 생각이 옳은지는 아무리 토론해도 결론이 나오지 않았어.

이번 주제도 앞의 주제인 타인을 이해하기 위한 전제가 되는 옳고 그른 것에 대한 기준은 과연 무엇일까에 대한 이야기야. 앞으로 살아가면서 나와는 생각이 다른 여러 사람을 만날 거고, 열띤 토론을 하기도 하고, 서로의 의견이 좁혀지지 않아서 싸우기도 할 거야.

"분명히 내 생각이 맞는 것 같은데 저 사람은 왜 그걸 모를까?"하는 생각이 들거야.

 사실 서로 다른 나라에 사는 사람들은 문화나 살아온 방식이 달라서 어떤 나라의 풍습을 이해할 수 없는 경우가 많아. 우리나라의 개를 먹는 풍습이라든가, 중동 나라들의 일부다처제라든가. 또 각 종교는 종교마다 믿는 절대자 또는 추구하는 가치관이 달라. 그리고 정치적으로 서로 다른 정당을 지지하는 사람들도 정치나 경제에 관한 성향 자체가 완전히 다를 수 있어. 그래서 친한 가족이나 친구들이 모였을 때 종교나 정치 이야기를 하면 싸움이 날 수 있어서 어떤 모임에서든 절대로 종교와 정치 이야기는 하지 말라고 하기도 하지.

 이렇게 역사적으로 국가, 문화가 다르거나 종교, 정치적인 가치관이 달라서 서로를 죽이는 쿠데타나 전쟁이 일어난 경우가 많고, 지금도 일어나고 있지. 우리는 살아가면서 이런 큰 주제인 문화, 종교, 정치적인 문제뿐만 아니라 많은 자잘하고 다양한 의견에 부딪힐 거야. 어제 우리 가족 저녁 식사에서도 공부, 학교, 진로 등에 관한 의견이 달라서 부딪쳤었고, 아주 사소한 실내장식, 패션에 관한 것도 종종 부딪치곤 하지.

 이런 사소한 문제라도 뭔가 옳고 그르다는 것에 꽂히게 되면 아무리 설득하려고 해도 불가능해. 그 이유는 상대방의 의견이 틀린 것이 아니라 나와 다르기 때문이야. 틀린 것과 다른 것은 그 뜻이 완전히 다른데, 정답이 있는 수학 문제에서는 옳은 답을 쓰지 않으면 틀리는 것이 맞지만, 정답이 정해져 있지 않은 일들에 대해서는 틀린 것이 없는 거야.

 대표적으로 답이 없는 것들의 예로 행복하게 살려면 어떻게 살아야 할까? 어떤 직업을 가지면 좋을까? 어떤 삶이 성공한 삶일까? 결혼을 해야 할까? 아이를 낳아야할까? 등등이 있겠지. 저 질문에 대한 답은 수천, 수만 가지가 나올 수 있고, 모든 사람이 다 다른 대답을 할 수가 있어. 정답이 정해져 있지 않아서 아무리 토론해도 정답이 나오지 않는 것들이지.

 사실 모든 사람이 다 똑같은 생각을 한다면 이 세상은 어떨까? 똑같은 옷을 입고, 똑같은 음식을 먹고, 똑같은 직업을 가지고, 똑같이 살겠지. 아주 이상한 세상이 될 거야. 모든 사람이 생각이 다르므로 이 세상이 이렇게 돌아갈 수 있는 거고, 내가 하고 싶은 것을 모든 사람이 다 하고 싶어 하지 않기 때문에 내게 그것을 할 기회가 돌아오는 거고, 내가 입고 싶은 옷을 모든 사람이 입고 싶어 하지 않기에 내가 입을 수 있는 거야.

 그래서 누구와 이것이 맞다, 틀리다 논쟁을 벌이는 것은 참 바보 같은 행동 중의 하나인 것 같아. 누가 맞고 틀린 것이 아니라 다른 것일 뿐인데…. 나라가 다르고, 사회가 다르고, 종교가 다르고, 환경이 다르므로 당연히 생각이 다를 수밖에 없어.

 하지만 가끔 남에게 피해를 주는 행동을 하는 사람을 보면 저 사람은 틀렸다고 생각할 때가 있어. 길에서 담배를 피우거나 침을 뱉거나 쓰레기를 아무 곳에나 버리거나 할 때…. 하지만 그것도 내로남불(내가 하면 로맨스 남이 하면 불륜)이라고, 어떤 사람은 신호 위반은 괜찮은데, 길거리에서 담배 피우는 것은 타인에게 간접흡연의 피해를 주니까 "절대 안 돼."라고 생각하지. 반대로 다른 사람은 담배 피우는 것은 내 건강에 안 좋지 타인에게는 큰 해가 없으니 괜찮지만, 신호 위반은 사람이 다칠 수 있으니까 "절대 안 돼."라고 생각할 수 있어. 이렇게 옳고 그름은 항상 상대적이지 절대적인 것은 없는 거야.

 현재 남에게 피해를 주는 행동은 법으로 금지되어 있고, 그런 행동을 하면 처벌을 받게 해 놓았기 때문에 법으로 금지된 것이 아니라면 일단은 다 가능한 행동으로 보고 내가 시비를 할 필요는 없을 거야. 우리나라에서는 신호 위반만 법으로 금지이지만 싱가포르에서는 길에서 담배 피우는 것과 껌을 씹는 것도 금지이고, 말레이시아에서는 술을 마시는 것도 금지이기도 하지. 이렇게 나라마다 금지된 행동에 관한 기준이 달라. 나는 내가 옳다고 생각한 대로 행동하면 되고, 다른 사람이 하는 행동에 대해서 옳고 그르다를 판단하면서 나의 에너지와 시간을 낭비하지 않는 것이 좋을 것 같아.

특히 선진국일수록 남에 대해서 간섭하지 않아. 예를 들어 다른 사람의 이혼, 싱글 맘의 출산, 나와 다른 성 정체성, 결혼과 출산의 여부, 학교 졸업 여부, 홈스쿨링 등등에 대해 시비를 하지 않아. 대신 남에게 피해를 주거나 법을 어기는 행동에 대해서는 아주 가차 없이 비난하고 신고하지.

결국, 옳고 그름을 판단하는 기준은 남에게 피해를 주느냐인 것 같으니, 다른 사람에게 피해만 주지 않는다면 저 행동은 틀린 게 아니라 나와 다른 것으로 생각하고 유연하게 대처하는 현명한 사람이 되길 바라. 특히 정치적, 종교적, 가치관 문제에 대한 의견이 나와 다르다고 해서 설득하기 위해 열띤 토론을 벌이는 것은 시간 낭비니 그 시간에 뭔가 생산적인 걸 하는 게 더 나을 거라는 것도 기억하길 바랄게~

> "타인에게 피해 주는 문제만 아니라면 옳고 그른 것이 아니라
> 단지 나와 다를 뿐이다."

누군가에게 화가 날 때

"엄마, 그 아이한테 한마디 해 줄까.
그럼 속이 시원할 것 같은데…"

"글쎄. 조금 참아 보는 걸 추천해~
며칠 지나면 괜찮아질 수도 있고…"

"며칠 지났는데도 계속 생각나. 그렇게 책임감도 없이 거짓말하고
다른 사람 상처 주고 아무렇지 않게 웃고 있는 게 화나.
그렇게 살면 안 되지 한마디 하고 싶어"

"한마디 하고 후회하지 않을까?
어떻게 하면 좋을지 더 생각해 보자."

저렇게 누군가에게 참을 수 없이 화가 날 때 어떻게 해야 할까? 나는 상황 따라 다른 방법으로 대처해.

가장 간단한 방법으로 내가 화가 난다는 걸 가만히 지켜보는 거야. 그러면 화나는 마음이 점점 사라지기도 해. 다른 방법으로 내가 왜 화가 나는지 그 원인을 분석하고 원인을 찾아서 제거하면 화가 사라질 때도 있고, 또 다른 방법으로 상대방이 그렇게 할 수밖에 없었던 상황을 이해해

보려고 애쓰면 화가 가라앉기도 해. 이렇게 상황에 맞춰 세 가지 중 한 가지 방법으로 화를 누그러뜨리고 화나기 전의 상태로 돌리는 것 같아. 그런데도 화가 안 사라지면 마지막 방법으로 그냥 화를 내는 방법을 쓰지. 어떤 방법을 선택하는지는 그때의 상황과 상대방에 따라서 다르게 적용해야 할 거야. 그렇다면 언제 내가 스스로 해결하고, 어느 상황에는 화를 내야 하는지 어떻게 구분해야 할까. 그 해결의 키는 내가 현재 느끼는 감정에 따라야 해.

나의 경우는 누구한테 화가 난다고 바로 그 사람한테 화를 내 버리면 꼭 후회하는 경우가 많아. 그리고 오히려 더 오랫동안 안 좋고 개운하지 않은 감정이 남아 있어. 반대로 화난 그 당시 시원하게 상대방에게 말하지 않으면 오히려 두고두고 후회하는 사람도 있어. 그런 사람은 당시에 시원하게 말하지 못한 것이 계속 불편하게 남아서 어떻게든 복수를 하거나 다시 만나면 그때 못 한 말을 꼭 해 줘야지 하고 생각하기도 하지. 이렇게 사람마다 같은 행동을 해도 내가 감당해야 하는 감정의 결과는 서로 달라. 그래서 결론적으로 화를 냈을 때 오히려 후회하고 안 좋은 감정이 들 것 같다면 화를 안 내는 게 좋고, 화를 내야 기분이 좋고 시원하고 후회가 없다면 화를 내 버리는 것도 좋을 거야.

하지만 화를 내는 방법을 쓰기로 했다면 여기서 고려해야 할 것이 있어. 만약 그 사람과 아예 안 만나거나 다시 안 봐도 되는 사람이라면 화를 내도 상관이 없겠지. 하지만 계속 봐야 하는 사람이거나 어떻게든 계속 엮이게 되는 사람이라면 그 사람과의 관계가 변화될 수도 있다는 것을 알아야 해. 훗날 나에게 복수를 하거나 사이가 안 좋아지게 되더라도 내가 받아들일 준비가 되어 있어야 해. 나만 화내고 그 사람은 안 낼 거라는 보장이 없으니까. 그러니 그 사람과 나는 계속 서로 화를 주고받는 관계 또는 그냥 멀어질 걸 각오하고 화를 내야 한다는 거야. 그걸 각오하고라도 화를 내는 것이 더 내 마음이 후련하고 편할 것 같다면 그렇게 해도 돼.

또 하나는 내가 내는 화로 인해서 당사자가 아닌 그 주변에 있는 제삼자까지도 영향을 미칠 수 있는 경우야. 만약 내 화로 인해서 당사자 말고 주변 사람까지 안 좋은 기분을 느끼게 된다면 나의 적이 한 명이 아닌 여러 사람이 된다는 거야. 예를 들어 그 사람과 친하게 지내는 사람들, 나와 그 사람과 둘 다 관계가 있는 사람들 모두 어색한 사이가 되어도 상관없는지도 고려해서 화를 내야지.

이 모든 걸 감내하고서라도 나는 지금 당장 화를 내야지만 내 마음이 후련하고 후회와 앙금이 남지 않겠다 싶다면 그때는 화를 내도 괜찮아. 내 현재의 기분과 감정에 충실해야지, 그렇지 않고 화를 꼭꼭 숨겨 두면 나중에 언젠가 터질 수도 있어. 나는 위 모든 걸 염두에 두고 감내하면서까지 화를 내면 내 마음이 훨씬 더 불편하기 때문에 후회가 없도록 스스로 해결하고 그냥 넘어가는 방법을 자주 택하고 있는 거고.

그럼에도 불구하고 나도 꼭 화를 내야 할 때는 화를 내기도 해. 그런 경우에는 그냥 화를 내는 게 아니라 내가 지금 화가 났구나, 이제는 화를 내야겠다는 내 마음 상태를 인식하고 지켜보면서 화를 내기도 하지.

더 자세히 말하면 "내가 화가 났구나. 화를 내고 있구나."라고 스스로 알고 내는 화와 그런 생각도 없이 버럭 내 버리는 화의 다른 점은 그 기운(에너지)에 있어. 일단 내가 화가 난 것을 알고 내 마음을 바라보면서 내는 화는 나의 화난 기운이 실리지 않고 그냥 방편으로 내는 화이기 때문에 받아들이는 사람이 느끼는 감정도 아주 기분 나쁘지 않고 곱게 받아들일 수 있어. 반대로 내가 화를 내는 줄도 모르고 버럭 내 버리는 화는 그 기운(에너지)이 너무 무거워서 받아들이는 사람도 아주 기분 나쁘게 느껴지고 감정이 더 많이 상하게 되지.

일반적으로 많은 사람이 후자처럼 아무 인식 없이 화를 내기 때문에 더 큰 싸움이 되고 원수가 되는 거야. 만약 화를 내더라도 전자처럼 나의 화난 마음을 계속 지켜보고 "내가 지금 화가 나 있고, 화를 밖으로 내는구나."라고 인식을 하면서 화를 낸다면 받아들이는 상대방도 크게 감정이 상하지 않을뿐더러 오히려 그걸 진정으로 받아들여서 좋은 결말로 이어질 수도 있지.

결론적으로 화가 나면 여러 가지 경우를 생각해서 이 화를 내는 것이 후회가 없을지 내 마음이 어떤 것이 더 편할지 내 감정이 화를 내야 후련하고 좋을지를 잘 생각해서 내든지 말든지 결정하면 돼. 그리고 그런데도 화를 내기로 했다면 화를 내는 순간 "내가 지금 화가 나는구나!" 하고 내 마음을 들여다보면서 화를 내면 상대방도 더 잘 받아들이고, 서로 원수가 되는 일이 줄어들 수 있을 거야.

그럼 그 친구에게 어떻게 해야 할지 잘 생각해 보고, 후회 없는 좋은 선택을 하기를 바라. 나는 너희들이 항상 마음이 편하고 행복한 감정을 느끼기를 바라니까. 어떻게 해야 내가 쭉 마음이 편하고 행복할까 생각하고 화를 잘 처리해 보자.

👍 추천 도서

화(틱낫한)

원만한 성격에 대하여

"엄마~ 충격! A가 B한테 체육대회 때
우리 팀에서 빠지면 좋겠다고 했대~"

"그럼 B가 충격받았겠네?"

"그러게, B가 충격받아서 전화했어.
나도 속으로 B가 못한다고 생각은 했지만
그래도 친구인데 그렇게 너 빠지라고 말하는 건 아닌 거 같아."

"넌 A, B 다 친한데…. 곤란하겠네!"

"나라도 B 편을 들어 줘야 하지 않을까? 어쩌지…"

얼마 전 조용하던 딸의 마음이 한 가지 사건 때문에 엄청 시끄러웠지. 사실 B가 충격받은 마음도 너무 이해되고, A가 팀플레이에서 이기고 싶은 마음에 B한테 그런 말을 한 것도 이해할 수는 있을 것 같은데…. 이런 상황에 딸은 정의를 추구해야 한다며 당한 사람 또는 약자인 친구 편에서 대변해 주고 싶어 하는 것 같아.

얼마 전 학교에서 한 성격검사에서도 딸의 사교성, 사회성의 점수는 높은데 원만성의 점수가 상대적으로 낮았었지. 설명을 보니 한 공동체 안에서 다른 사람들과 의견이 다를 때, 내 주장을 접고 그냥 다른 사람의 의견에 따를수록 원만성의 점수가 높게 나오고, 나의 의견을 주장하고 상대방이 받아들일 때까지 그 주장을 포기하지 않으면 원만성 점수가 낮게 나오는 경향이 있다고 했어. 그렇다면 과연 원만성 점수가 높은 것, 다시 말해 다른 사람과 의견이 다른 데도 평화를 위해서 내 의견을 말하지 않고 조용히 지나가는 것이 과연 좋은 걸까?

사실 세계 인구의 0.2%를 차지하지만, 노벨상의 25% 정도를 수상한 유대인의 경우 그 교육법 중의 하나가 두 사람이 마주 보고 상대방과 다른 의견, 질문을 주고받으며 서로 싸움에 가까운 토론을 하는 것이라고 해. 이렇게 내 의견을 굽히지 않고 당당하게 말하고 상대방을 설득시키는 능력이 뛰어난 것은 장점이 될 수 있어.

예전에 한 광고에서 "우리는 모든 사람이 예스라고 대답할 때, 노라고 대답할 수 있는 사람을 원합니다."라는 문구가 나왔는데 난 그 말이 참 좋았어. 그 당시 그 광고가 모두에게 인상적이었는지 그 광고 패러디도 많이 나왔지. 모두 획일적으로 대다수 사람의 의견을 따라서 선택을 하는 것보다 남들과 다르게 모두 "예."라고 할 때 "아니."라고 말할 수 있는 것은 용기라고 생각해. 그리고 남들과 다른 의견을 내는 것은 창의적인 것과도 연결되는 것 같아.

그럼 "원만성 점수가 낮다. 원만하지 않은 사람이다."라고 하는 것은 뭔가 부정적인 느낌이 드는데 안 좋은 것일까? 이건 앞의 주제에서도 언급했던 부분인데 나의 주장만이 옳고 상대방의 의견은 틀린 것으로 생각하고 나의 주장만을 고집하면 문제가 될 수 있을 것 같아. 어떤 상황에 대해서 한쪽만이 옳고 그르다는 것, 즉 내 주장만이 옳고 다른 사람의 주장은 틀렸다고 생각하는 것을 먼저 멈추어야 할 거야.

조선 시대 황희 정승의 유명한 일화가 있지. 두 하인이 싸우면서 시비를 가려 달라고 했대. 황희 정승이 한 사람의 말을 듣고 "네 말이 맞구나." 했는데, 또 다른 사람의 말을 다 듣고도 "그래. 네 말도 맞다."라고 해서, 부인이 그렇게 하면 일이 해결이 안 된다고 했더니 "부인 말도 맞소." 했단다.

예전에 내가 대학생 때 지금은 돌아가신 법타원 고모할머니랑 방학 동안 함께 지낼 때 일이야. 어느 한 손님이 오셔서 너무 속상하다고 다른 분하고 있었던 일을 막 이르는데 그 말을 들으시고는 "그러게, 네가 매우 속상했겠구나." 하셨어. 그분이 간 후에 상대방이 오셔서 아까 그 일을 똑같이 얘기하면서 반대로 자기 관점에서 이야기하는 걸 듣고 "아이고, 네가 마음이 안 좋았겠네." 하시더라고. 옆에서 들으면서 그때 나는 깨달았지. "이게 바로 두 사람의 마음을 다 공감해 줌으로써 모두의 마음을 풀어지게 하는 처세구나~"

아까 그 친구들 같은 경우도 A의 마음도 이해가 되고, B의 마음도 이해가 되지. 지금 당장은 친구인 B가 상처받는 그런 말은 하면 안 되지 하고 생각하겠지만 세상에 안 되는 건 없어. 진짜 운동선수들이었다면 못하면 바로 팀에서 빼는 게 당연하니까. A라는 친구가 꼭 이기고 싶은 마음이 친구와 함께 즐기고 싶은 마음보다 강하다면 그렇게 말할 수도 있지.

위와 같이 어떤 것만이 옳고, 이것만이 정의라고 말할 수는 없다고 생각해. 옳은 것과 정의는 시대마다 상황마다 사회마다 사람 개인마다 달라지기 때문에 내 의견이 백 퍼센트 옳고 이것만이 정의라는 생각을 먼저 멈춰야 모든 게 이해되는 것 같아.

결국 "어떤 것이 반드시 옳고 어떤 것은 그르다."라는 시비만 멈춰도 내 의견만이 옳다는 생각이 줄어들 것이고, 다른 사람의 의견이 옳을 수도 있다고 생각될 거야. 이렇게 하면 원만성의 점수는 올라갈 것 같아.

앞으로도 너희들이 상대방과 다른 의견이 있거나 다른 생각이 있다면 그 주장을 당당히 하면서 상대방을 설득하는 것은 아주 바람직하다고 생각해. 대신 무조건 내 의견이 옳고 상대방의 생각이 잘못되었다는 전제는 멈추고 "누구의 의견이든 옳을 수 있다, 어떤 생각이든 가능할 수 있다."라는 열린 마음으로 주장하고 토론하길 바라. 그럼 원만성과 창의성을 두루 갖춘 사람이 될 수 있을 것 같아.

완벽한 사람이 된다는 것

"엄마~ 나는 너무 이쁘고 착하고 똑똑하고 진짜 완벽한 것 같아~"

"그지~ 우리 딸은 아주 완벽하지~"

"난 엄마가 너무 좋아~ 너무 착하고 똑똑하고 성격이 완벽해."

"서로 칭찬 주고받기하는 중~"

완벽한 건 뭘까? 우리가 살아가는 데 있어서 모든 것이 완벽한 게 과연 좋을까?

사실 지금은 상상이 잘 안 가겠지만 나도 아주 완벽을 추구했을 때가 있었지. 유치원부터 초등학교 다닐 때까지는. 유치원 때는 친구들 줄 설 때 비뚤게 서는 친구가 있으면 가서 줄 똑바로 서라고 충고하기도 했고, 초등학교 때는 올백이 아니면 성에 안 차서 항상 올백에 체육도 미술도 음악도 가장 잘해야 하고, 친구들과의 관계에서도 사소한 것도 아주 완벽해야만 했지. 그래야 사람들한테 인정받고 칭찬받을 수 있을 거라 생각했던 것 같아. 그런데 중학교 시절 남녀 반 친구들에게 두루두루 인기도 많고 성격도 참 닮고 싶은 친구가 있었는데 이 친구는 완벽과 거리

1장 학교생활과 관계

가 먼 아주 털털한 성격이었어. 그때부터 완벽함에 관한 생각이 변하기 시작했고, 나도 점점 털털해지기 시작했지. 그리고 대학교 때 본격적으로 마음공부를 하면서부터 그 털털함이 극에 달했고, 지금은 너희들이 아는 것처럼 나는 완벽과는 거리가 멀어.

왜 나는 완벽함을 멀리하기 시작했을까? 아니, 완벽함을 위해서 노력하는 것을 멈췄을까? 그렇게 된 계기를 생각해 보면 대학교 때로 거슬러 올라가지. 당시 나보다 더 잘나고 더 똑똑한 일류대학교 학생들과 함께 마음공부를 했었어. 그 학생들은 나보다 더 완벽한 것 같은데도 다른 사람에 대해 질투가 많고, 자존감이 낮고, 자책도 많이 하고, 타인과 비교하고, 타인을 평가하며, 스트레스를 훨씬 많이 받는 것을 보고 의아했어.

왜 그런지를 한참 고민하다가 알게 되었지. 내가 완벽할수록 내 기준으로 다른 사람을 평가하게 되면서 타인의 허술함을 이해하고 받아들이기가 어렵고, 또한 다른 사람들도 내가 그들을 평가하듯이 나를 평가할 것이라는 두려움이 있구나. 만약 내가 아주 똑똑하고, 깔끔하고, 단 한 번의 실수도 하지 않는 사람이라면, 나와 달리 바보 같고, 지저분하고, 실수를 자주 하는 타인을 이해할 수가 없게 되지. 마찬가지로 완벽한 사람일수록 가끔은 바보 같을 수도 있는 나, 가끔 지저분하거나 실수를 할 수도 있는 나를 용납하지 못하고 자신을 자책하고 스트레스를 더 많이 받게 된다는 것을 알았어.

반대로 내가 허술하면 다른 사람의 허술함을 아주 쉽게 이해를 할 수 있더라고. 내가 실수가 잦고, 허점이 많으면 다른 사람의 실수나 허점에도 '그럴 수 있지, 나도 그러는데….' 하면서 이해하고 넘어갈 수 있게 되는 원리지. 이 원리를 깨닫고 나서부터 내가 허술할수록 다른 사람을 더 잘 이해할 수 있겠다는 것을 알게 되었고, 점점 나도 완벽과는 거리가 멀어지고 다른 사람들의 허술함도 잘 이해할 수 있게 된 것 같아.

그러면 내가 완벽하면서도 다른 사람을 잘 이해하고, 나 스스로에게도 관대할 수는 없을까, 꼭 내가 허술한 사람이 되어야지만 이해심이 많아질까 하는 의문을 갖게 되었지.

답은 내가 때에 따라 허술할 수도 있다는 것만 인정하면 그 후는 내가 완벽하든 또는 허술하든 상황에 따라서 나도 얼마든지 바뀔 수 있다는 것을 알게 되었어. 예를 들어 내가 로스쿨 다니면서 공부할 때는 공부도 열심히 하면서, 논문도 쓰고, 시험도 보고, 실습도 하고, 엄마 노릇, 아내 노릇도 모두 잘하려고 엄청나게 노력했고, 그 몇 년 동안은 진짜 열심히 살면서 완벽하게 모든 것을 다 이룰 수 있었어. 그리고 그 노력의 결실을 본 후에는 다시 조금 허술해졌지만, 마음 편하게 살고 있지. 또 수능 오류 소송, 연대 수시 논술 소송 등 큰 소송을 진행할 때는 몇 주 동안 잠도 거의 못 자면서 집중해서 일했다가, 그런 큰 소송이 끝나면 다시 느슨해진 일상으로 돌아가지. 이렇게 가끔 필요할 때는 열심히 완벽하게 살았다가 다시 허술하게 편하게 살았다가를 반복하고 있어.

이렇게 나는 필요에 따라서는 아주 열심히 완벽하게 살 때도 있고, 어떤 때는 아주 허술하게 털털하게 살 때도 있는 사람이라는 것을 알면, 다른 사람을 바라볼 때도 저 사람도 상황에 따라 완벽할 수도, 허술할 수도 있는 사람이라는 것을 이해할 수 있지. 그러면 타인을 함부로 내 기준으로 평가하거나 그들에게 내가 어떻게 보일지 신경 쓰며 스트레스받는 일이 줄어들게 될 거야. 결국, 어떤 일 어떤 순간에도 타인과 나에 대해서 이해력이 넓어지고 관대해지게 되는 것 같아.

너희는 허술한 나와 완벽한 나, 모두를 다 보고 겪었을 거야.

오늘은 어떤 걸 추구해 볼까? 요즘은 몸도 피곤하고 자잘하게 신경 쓸 일이 많아서인지 쉬엄쉬엄 편하게 하고픈 마음이 많이 들어.

너희들도 때로는 완벽하지만 때로는 허술한 너 자신을 인정하면서 살 길 바라. 완벽하면서 허술한 우리, 오늘도 어떤 방향으로든 파이팅하자!

외롭다고 느낀다면

"엄마~ 나 요즘 외로워~ 마음을 털어놓을 절친이 없는 것 같아."

엄마: "잘됐네, 바로 지금이 위인이 될 기회야.
친구가 없어서 혼자 책만 읽다가 위인이 된 경우가 많대.
너도 드디어 책을 읽을 때가 된 거야~"

아빠: "그래~ 원래 모든 사람은 혼자인 거야.
부처님은 천상천하 유아독존이라고 했어?"

"외롭다는데 우리 가족은 더 반기는 것 같아.
다른 해결책은 없어?"

우리가 살아가다 보면 이 세상에 나 혼자만 있다는 생각이 들 때가 있지. 주변에 친구가 없다거나 내 편이 없다고 느껴지면 우울하고 외로워질 수도 있어. 반대로 너무 주변이 시끄럽고 어지러워서 혼자 있는 시간이 필요할 때 일부러 스스로 외로움을 느낄 수 있는 환경으로 들어갈 수도 있어. 그리고 MBTI 성격유형에 따르면 혼자인 걸 즐기는 사람도 있지만 혼자인 걸 못 견뎌 하는 사람도 있는 것 같아.

가끔 너희들도 같이 놀 친구가 없어, 친구가 나랑 안 맞아 등의 말을 하면서 외롭다고 하지. 그 말을 듣고 나는 종종 "이렇게 친구를 사귀어 봐~"라고 말하는 대신 "괜찮아~ 친구 없는 것도 나쁘지 않아. 가끔 그럴 때도 있어야지~"라고 말하곤 하지.

외로움을 달랠 방법은 두 가지가 있는데 첫 번째는 주변과 관계를 맺는 거고, 두 번째는 그 외로움을 즐기는 거야.

사람은 사회적 동물이기 때문에 주변에 함께해야 할 누군가가 있는 것은 필수야. 하지만 그게 항상 아주 친한 마음을 나눌 사람이어야 한다거나 꼭 좋아하거나 사랑하는 사람이라거나 아주 의미 있는 사람일 필요는 없는 것 같아.

예를 들어 나도 그때그때의 시기와 상황에 따라서 여러 종류의 친구들이랑 어울렸던 것 같아. 유치원 때는 나와 재밌게 잘 놀 수 있는 친구, 초등학교 때는 같이 시간을 많이 보낼 수 있는 친구, 중고등학교 때는 성향이나 성격이 맞거나 같은 학원, 독서실 다니며 공부할 수 있는 친구, 대학교 때는 삶에 대한 가치관이 비슷하거나 속 깊은 이야기를 나눌 수 있는 친구 등 그 시절마다 내가 좋아하거나 사귀고 싶은 친구들이 계속 달라졌던 것 같아. 그래서 나와 잘 맞지 않거나 잘 통하지 않는다고 느껴지는 친구라도 때에 따라서 사회적 관계 유지는 할 수 있다고 생각해. 어떤 친구하고는 재밌게 놀면 되고, 또 다른 친구하고는 즐겁게 춤추고 노래하면 되고, 다른 친구하고는 열심히 공부하면 되고, 또 다른 친구하고는 속 깊은 이야기를 나누면 되고, 가끔 어떤 친구하고는 같이 좋아하는 음식을 먹기만 해도 되고…. 그래서 꼭 절친 한두 명하고만 놀고, 공부하고, 먹고, 속에 있는 이야기를 나눌 필요는 없다고 생각해. 이렇게 여러 그룹과 여러 부류의 친구들, 모임들이 꼭 깊이 있지 않고 얕은 관계여도 상관없어. 그들 모두 나의 외로움을 달래 줄 수 있는 상대들이야.

개인주의가 우리나라보다 더 심한 서양에서는 외로움을 달래기 위해 주변 사람들과 관계를 맺는 대신 동물들과 관계를 많이 맺는 것 같아. 그리고 나이 드신 분들은 가족이 다 떠나고 할 일이 없게 되면 그 외로움을 달래기 위해 집 앞 텃밭에서 농작물이나 식물을 키우며 땅과 식물들과 관계를 맺고 사시지. 이렇게 사람뿐 아니라 동물, 식물 등과 관계를 맺으면서 외로움을 달래는 방법도 있어.

다른 방법은 그냥 그 외로움을 받아들이고 즐기는 거야.

현대 사람들은 많은 사람과 각종 관계에 둘러싸여 있어서 손만 뻗으면 컴퓨터, 전화, 카톡, 메시지, 채팅, SNS 등등을 할 수 있으니 혼자 있는 시간이 거의 없고, 나를 온전하게 바라보는 시간이 너무 없어. 가끔 또는 자주 혼자 있는 시간을 가져야 하는데, 손만 뻗으면, 눈만 돌리면 접할 수 있는 여러 관계 속에 살다 보니까 어느 순간 관계가 끊기고 혼자라고 느껴지면 잘 적응하지 못하고 외롭다고 느끼고, 부정적으로 생각하는 것 같아.

하지만 요즘같이 너무 많은 관계에 둘러싸여서 혼자 있는 시간이 거의 없는 환경에서는 혼자만의 시간이 꼭 필요한 것 같아. 일주일에 한 번이라도 혼자인 시간을 일부러 만들어서 스스로의 내면에 집중해 보라고 권하고 싶어. 그러다 이 세상에 나만 존재하는 것 같은 기분, 더 나아가 이 우주와 내가 둘이 아닌 하나라는 것을 느끼게 되면 진리를 깨닫는 경지에 이를 수도 있어.

내가 나이가 들면서 알게 된 것은 혼자인 시간을 많이 가질수록 나에게 훨씬 좋다는 거야. 그 혼자인 시간은 오롯이 나에게 집중할 수 있어.

내가 무슨 생각을 하는지, 난 무엇을 좋아하는지, 난 어떻게 살아야 하는지, 난 누구인지 등등을 생각하거나 관조하면서 진짜 나를 깨달을 수 있는 시간인 거지. 아직 어린 너희들은 혼자 있으면 무섭고 심심하고 그렇겠지만 이제 점점 나이가 들면 혼자 있는 시간을 즐기게 될 거야. 그리고 그 시간이 내가 살아가는 데 꼭 필요하고 나에게 힘이 된다는 것도 알게 될 거고. 그래서 난 혼자 있는 시간을 꽤 좋아해.

만약 어느 날 외로움이 느껴지면 맘껏 그걸 즐기길 바라. "아~ 갑자기 외롭구나~ 이 시간이 다시 돌아왔구나. 하늘을 보면서 멍때려 볼까…. 책에 푹 빠져 볼까…. 아니면 나 혼자 TV나 재밌는 영화를 봐야겠구나…. 또는 이번엔 나의 내면을 바라보고 참나를 찾는 명상이나 해 볼까." 하면서…. 그리고 조금 시간이 지나면 다시 외로움이 물러가고 아무렇지 않게 사람들과 어울리게 되거나, 아니면 오히려 혼자인 시간이 더 좋아져서 외로움을 더 즐기고 싶기도 할 거야.

자~ 이제 외롭다는 것이 부정적으로만 느껴지지 않지. 외로운 건 즐겁고, 행복한 감정처럼 그냥 한 감정일 뿐이야. 조용하고 적막한 느낌을 유지하고, 그 외로운 시간에 나를 돌아보고 깨닫는 시간으로 삼으면 앞으로의 인생에 있어서 꼭 필요한 시간이었다는 걸 알게 될 거야.

"아~ 외롭다~ 오~ 괜찮아~ 좋아~"
"오늘도 외롭니? 외로운 나를 위해 오늘은 무엇을 해 볼까~?
외로움을 맘껏 즐겨 보자~"

가족과 나와의 관계
(부모 자식 관계를 중심으로)

"난 나중에 성인이 되면 독립할 거야~
뭐, 집은 엄마 아빠랑 아주 가까이 살면서 왔다 갔다 해도 되고."

"만약 내가 외국에 가서 산다면 어때?"

아빠: "반대, 가족은 가까운 곳에 사는 게 좋아~"

엄마: "네가 원하는 곳에서 행복하게 살 수만 있다면 상관없어."

 우리는 태어날 때부터 정해진 내 가족(부모님)과 함께 살게 되고, 죽을 때까지 이 가족은 내 의지로 바꿀 수 없지. 가끔은 태어날 때부터 정해지지 않고, 중간에 정해지는 때도 있고, 함께 살지 않는 경우도 있지만 대부분 인생의 많은 순간을 태어나는 순간 정해진 가족들과 함께 살아가게 돼.
 그럼 과연 나의 삶에 있어 가족의 의미는 무엇이고 가족과의 관계는 어떻게 유지하는 것이 바람직한 걸까? 태어나는 순간부터 정해지는 부모 자식 관계는 내가 선택할 수도 없고, 나중에 바꿀 수도 없는 운명적인 관계라고 할 수 있어. 그리고 부모는 힘없고 울기만 하는 갓난아기부터 독립할 수 있는 성인이 될 때까지 아이를 부양하게 되지. 자식은 부모와 아무런 계약관계가 없음에도 당당하게 부모로부터 부양을 받게 되고, 항상 부모는 자식에게 빚진 게 있는 것처럼 모든 것을 아낌없이 퍼 주지. 도대체 무슨 관계길래 부모 자식의 사이가 이렇게 되었을까?

이런 가족의 의미는 사회적·문화적·역사적 의미를 내포하고 있어. 예전에 하루하루 먹고살기 힘들었던 사냥하고 채집하던 원시시대에는 자식을 내 재산으로 생각해서 일할 사람 한 명 더 태어난 정도의 의미로 여겼을 때가 있었겠지. 그때는 자식이 태어난다는 의미가 동물들과 다를 바가 없었을 거야. 예를 들어 지금도 아프리카의 어느 부족들은 딸이 시집을 가게 되면 일하고 아이를 출산할 수 있는 인력이 줄어들기 때문에 남자 집에서 여자 집으로 소나 돼지 등을 지참금으로 주고 결혼할 여자를 데리고 간다고 해.

하지만 시간이 지나고 현대 사회에 이르러서 먹고살 걱정이 없어지고, 사랑과 행복을 추구하는 시대에 들어오면서 일할 수 있는 사람의 수 같은 것은 아무 의미가 없어졌지. 대개 결혼은 사랑하는 사람들끼리 하게 되고 사랑하는 사이에서 태어난 자식은 사랑의 결실이 되었지. 자식을 키우는 동안 힘도 들고 어려운 점이 많지만 그만큼 나에게 기쁨을 주기 때문에 자식을 사랑하게 되었지. 그리고 그 자식이 잘 크게 되면 나의 자랑이 되기도 하고, 수명이 길어지면서 일을 못 하고 돈을 못 버는 나이가 되면 반대로 자식이 부모를 부양해야 할 수도 있으므로 자식을 나처럼 또는 나 이상으로 돌보고 투자하게 되었어. 하지만 어떤 경우에는 그 사랑이 너무 과해서 욕심이 되기도 하고, 그것 때문에 자식이 상처받거나 바르게 자라지 못하는 경우도 생기게 되었지. 반대로 나 사는 게 바빠서 제대로 돌봐 주지 못해서 자식을 내버려두거나 신경 쓰지 못하기도 해서, 이로 인해 자식이 부모를 원망하는 경우가 생기기도 해.

그렇다면 부모와 자식 간의 관계, 다시 말해서 가족 간의 관계는 어떻게 해야 바람직할까?

너무 과하지도 너무 부족하지도 않게, 나를 위한 욕심이 아니라 자식을 위한 마음으로 대하는 것이 서로에게 가장 좋다고 생각해. 부모의 역할은 내 자식이 무엇을 할 때 가장 행복한지 성인이 되기 전에 잘 파악해서 그쪽으로 재능을 찾아 주고 키워 주는 것이라 생각해. 만약 그 재능이 무엇인지 잘 모르겠다면 앞으로 계속 어떤 꿈을 가지고 무엇을 하고 무엇이 되길 바라는지를 본인 스스로 깨달을 수 있도록 시야를 넓혀 주고, 건강한 정신을 가질 수 있게 해 주는 것까지가 부모의 역할인 것 같아.

하지만 대부분 부모님이 공부해라, 좋은 대학 가라, 돈을 많이 버는 직업을 가져라, 능력 있는 사람하고 결혼해라 등등의 너희들이 공감할 수 없는 말들만 하겠지. 그래서 아직 어린 너희들은 왜 그래야 하는지도 모르고 그냥 무작정 공부만 한다거나 또는 내가 진짜 바라는 게 무엇인지 고민하지 않고 아무것도 모른 채로 성인을 맞이할 수도 있어. 그럼 그렇게 살다가 다시 내 자식한테 똑같은 말을 하는 쳇바퀴 같은 삶을 살게 될 거야. 하지만 그것도 이유가 있어. 부모님들이 보기에는 지금까지 살아 보니 돈이 많이 있어야 살기 편하고 행복한 것이라는 사실을 깨달았기 때문일 거야. 그래서 돈을 많이 벌 수 있도록 좋은 대학을 가길 원하는 거지. 하지만 요즘은 세상이 변해서 꼭 좋은 대학 가야지만 돈을 많이 벌 수 있는 것도 아니고, 삶의 질이 높아져서 돈만 많다고 행복하지도 않기에 전과는 많이 달라진 것 같아.

현재 내가 생각하는 최고의 가족은 이 넓은 세상에서 서로 의지할 수 있고, 다른 가족 구성원들의 꿈, 그들의 자아를 실현하는 데 서로에게 도움이 되어 줄 수 있는 것이라 생각해. 도움이 된다는 의미는 부모가 자식에게뿐 아니라 자식도 부모에게 도움이 되어야 한다는 것이고, 부부간에도 형제, 자매지간에도 마찬가지야. 나아가 결혼을 하는 이유도 상대방한테 무엇을 얻기 위해서가 아니라 서로에게 의지가 되고 도움이 돼서 각자 발전하기 위한 것이라면 가장 행복한 결혼생활을 유지할 수 있는 것 같아.

결국, 가족이란 무조건 서로 같이 살고 서로 맞추고 희생하고 받아들이고 따르는 관계가 아니라 서로의 자아실현에 도움을 주고받을 수 있는 관계일 때 가장 이상적인 가족이라는 생각이야. 그러기 위해서는 나의 꿈, 자아실현은 무엇인지, 다른 가족의 꿈, 자아실현은 무엇인지 생각해 보고 서로 그것을 이룰 수 있도록 도와주는 관계가 될 수 있길 바라. 나도 너희들의 꿈은 무엇이고, 앞으로 너희들의 자아실현을 위해 가족으로서 엄마로서 무엇을 도와줄 수 있을지 오늘도 고민해 볼게.

2장

사회와 우주의 법칙

돈을 버는 것에 대하여
(돈의 노예 vs 돈의 주인)

"엄마~ 나 이번 설날에 세뱃돈 엄청 많이 벌었다."
"우와~ 엄마보다 더 많네~ 그렇게 많이 모아서 어디다 쓰려고?"
"장난감도 많이 사고 나중에 바비의 드림 하우스 같은 집에 살 거야~
엄마한테 돈 좀 줄까? 얼마 필요해?"

너희들은 돈을 좋아하지? 먹을 것도, 장난감도 많이 살 수 있으니까. 돈은 살아가면서 꼭 필요한 것 중 하나이지만 이 돈에 대해서는 많은 의견과 생각들이 있어. 돈은 우리에게 없어서는 안 될 것이지만 돈 때문에 서로를 속이고, 죽이고, 경쟁하고, 스트레스를 많이 받기도 하지. 그래서 돈에는 좋은 점과 나쁜 점이 동시에 존재해.

아주 옛날에는 화폐라는 것이 없어서 필요한 물건끼리 교환하는 물물교환을 했어. 그러다 물물교환이 복잡하고 힘들어서 돈을 만들었는데 이제는 돈도 주고받기 귀찮아서 카드나 가상화폐까지 나오게 되었지. 이돈이 없으면 맛난 것을 먹을 수도 없고 편한 집에서 잠을 잘 수도 없고 좋아하는 물건도 살 수 없게 되었어. 결국, 사람들은 돈에 대한 집착과 욕심이 점점 커지게 되었지. 그럼 돈은 왜 벌어야 하고, 어떻게 벌어야 하며, 얼마나 벌어야 만족할까?

 돈에 관한 재미있는 이야기를 하나 들려줄게.
 열심히 돈을 버느라 가족들하고 같이 놀지도 못하고 쉬지도 못하는 어떤 사업가가 어느 날 우연히 강에서 온종일 여유롭게 낚시만 하는 젊은 사람과 이야기를 하게 되었어.

사업가 : "당신은 젊은데 왜 일도 안 하고 이렇게 한가하게 낚시나 하고 있어요?"

젊은이 : "그럼 내가 뭘 해야 하지요?"

사업가 : "열심히 돈을 벌어야지요."

젊은이 : "왜 돈을 벌어야 하는데요?"

사업가 : "지금 젊었을 때 돈을 많이 벌어 놔야 나중에 편하고 행복하게 살 수 있으니까요."

젊은이 : "나중에 편하고 행복하게 사는 게 어떤 거지요?"

사업가 : "힘들게 일 안 하고 온종일 한가롭게 낚시하고 가족들과 시간을 보내면서 여유를 즐기며 사는 거겠지요."

젊은이 : "난 지금 그렇게 살고 있는데요."

 많은 사람이 돈을 왜 버는지, 벌어서 어디에 어떻게 쓸지도 모르고 막연하게 "지금 돈을 많이 벌면 현재는 좀 힘들어도 나중에는 편하고 행복하겠지."라는 생각으로 일만 하면서 살아가지. 지금은 힘들고 괴롭고 가족과 함께 보낼 시간이 없어도 미래에는 편하고 행복하게 살 날이 오겠지 하는 생각으로. 하지만 늙어서 일을 그만둘 때쯤이면 돈은 많이 벌었어도 함께 즐길 친구나 가족들은 이미 옆에 없거나 건강하지 않아서 즐길 수가 없게 되는 경우가 많아. 그래서 요즘은 워라밸이라는 말이 생겨났는데 일(work)과 삶(life)의 밸런스를 맞추면서 산다는 거야. 일만 하면서 살 것이 아니라 동시에 즐기면서 삶을 산다는 거지.

내가 생각하는 돈을 버는 이유는 궁극적으로 나의 자유를 위해서야. 즉 내가 무언가를 하고 싶을 때 맘대로 할 수 있는 시간의 자유, 무언가를 먹거나 사거나 하고 싶을 때 맘껏 할 수 있는 경제적 자유를 얻기 위해서 돈을 버는 것이지. 하지만 우리는 종종 돈을 모으기 위해서 현재의 시간과 경제적 자유를 빼앗기고 사는 오류에 빠져 있지. 돈을 벌기 위해 일을 하면서 나의 대부분 시간을 보내고, 사고 싶고, 먹고 싶고, 하고 싶은 것도 맘대로 못 사고 아끼면서 생활하지. 지금 나는 돈을 벌기 위해 이 순간의 자유로운 시간을 노예처럼 보내고 있지는 않은지 많은 것을 경험하고 느낄 자유를 꾹 참고 있지는 않은지 한 번씩 멈춰서 생각해 봐야 해.

어쨌든 돈은 많든 적든 살아가기 위해 필요하고, 돈을 버는 방법도 다양해. 크게는 몸으로 일을 해서 버는 방법과 몸으로 일을 하지 않고도 버는 방법으로 나눌 수 있는데, 다른 용어로 근로소득과 불로소득이라고 해.

지금 나를 포함 대부분 사람들처럼 직장을 가지거나 사업을 해서 직접 몸으로 뛰어서 버는 방법이 근로소득이고, 건물에서 세를 받는 것, 내 재산을 부동산이나 주식 등에 투자하는 것, 지적 재산권 등을 소유하고 있으면서 돈을 버는 것 등이 불로소득이야.

만약 내가 하는 일이 너무 재미있고, 보람 있고, 그 일을 함으로써 나의 인생이 행복하다면 일하면서 근로소득으로 돈을 버는 것은 너무 바람직한 일이야. 그게 바로 내가 가슴 뛰는 일을 찾아야 하는 이유이기도 하고. 하지만 불행하게도 내 일이 너무 재미없고 힘든데 말 그대로 돈을 벌기 위해서 어쩔 수 없이 해야 한다면 나의 시간과 자유를 뺏기게 되겠지. 그래서 최대한 내가 행복할 수 있으면서 돈도 벌 수 있는 근로소득을 찾든가, 또는 어느 정도 근로소득으로 돈을 모았으면 불로소득으로 시간과 몸을 조금만 써서 돈을 벌 방법을 찾는 것이 시간과 자유를 뺏기지 않고도 행복하게 돈을 버는 방법인 것 같아.

그럼 우리는 돈을 얼마나 벌어야 만족할 수 있을까?

그건 사람마다 모두 다르겠지.

나의 목표가 나 혼자 잘 먹고 잘 살며 행복하게 사는 것이라면 나 혼자 먹고살 만큼 정도 벌면 만족할 것이고, 우리 가족이 행복하게 자유롭게 원하는 것을 마음대로 하는 것이라면 우리 가족이 무엇을 하든지 부족함이 없을 정도로 벌면 충분하겠지. 나의 목표가 이 세계 사람들 모두가 행복하게 원하는 것을 다 할 수 있게 해 주는 것이라면 벌어도 벌어도 만족을 못 할 수도 있어. 돈이 아닌 다른 것으로 사람들에게 행복을 주고 싶은 목표가 있다면 돈을 아예 못 벌어도 만족하는 사람들도 있겠지.

이 세상에는 돈이 한정되어 있어서 모두가 만족할 수 없을 것이라고 생각할 수도 있겠지만 모든 사람이 돈을 무한대로 원하는 것이 아니라 만족하는 정도에 차이가 있어. 어떤 사람은 돈을 안 벌어도 행복하고, 어떤 이는 1억, 어떤 이는 10억만 있어도 행복하고, 어떤 이는 1,000억이 있어도 만족을 못 하지.

그래서 돈을 벌기 전에 나는 무엇을 하면 행복할 수 있을 것인가를 가장 먼저 생각해 보고 행복할 정도만큼 벌려면 어떤 방법이 가장 좋을지를 연구해서 돈을 벌면 될 거야. 물론 사람의 욕심은 끝이 없어서 처음 원하는 만큼 돈을 벌었어도 더 많이 계속해서 돈을 더 벌려고 해서 문제가 되기도 해.

단 그 돈을 벌기 위해 현재의 시간과 자유와 건강을 너무 많이 포기해서는 안 된다는 것만 명심하길 바라. 결국 내가 행복하기 위해서 버는 것인데, 젊을 때 쉬지 않고 돈은 벌었는데, 건강도 안 좋아지고, 같이 즐길 가족도 친구도 없어지면 돈 번 것이 아무 소용이 없을 테니까. 너무 나이가 들었을 때 후회하지 말고 이 순간 행복한 것이 중요하다는 것을 잊지 마. 그래서 나도 나중엔 돈과 시간은 많아도 함께 즐길 가족이나 건강한 몸이 없을 수도 있다는 생각으로 틈틈이 여행도 다니고, 함께 즐기려고 노력하고 있지.

너희들도 언젠가 돈을 벌기 시작할 때 돈은 나의 행복을 위해서 버는 것이라는 것 그리고 그 행복은 지금, 이 순간 현재의 행복도 포함된 것이지 미래만을 위한 것이 아니라는 것, 돈을 벌기 위해 나의 시간과 자유와 젊음과 현재의 행복을 잊어버리지 말자는 것을 꼭 기억하자. 그러면 돈의 노예가 되는 일 없이 돈의 주인이 될 수 있을 거야.

"돈의 주인님~ 얼마를 어떻게 왜 벌어야 할까요?"

👍 추천 도서

돈의 속성(김승호)
부자 아빠 가난한 아빠(로버트 기요사키)

물질에 대한 욕망 (명품을 중심으로)

"엄마~ 나 이것 사 줘~ 갖고 싶어~ 저것도, 요것도~
나 쇼핑중독인가 봐~"

"딸아~ 무소유라는 말 못 들어 봤니~
이것들은 다 이쁜 쓰레기야~ 꼭 필요한 것만 사자~"

"이건 너무 이뻐서 쓰레기라도 소장해야 해~"

쇼핑을 좋아하는 딸이랑 요즘 주고받는 대화지. 물론 비싼 건 아니지만 아기자기한 소품이나 문구류 등을 너무 좋아해서 집에 쌓아 놓고는 아까워서 쓰지도 못하고 보관하는 취미가 생겨 버린 딸.

웬만하면 no를 안 하고 다 사 주고 싶은데 돈이 아까워서가 아니라 그걸 사도 잠깐 좋아하지, 며칠 지나면 한쪽에 보관해 두고 몇 달 지나면 어디에 있는지도 모르는 걸 보면 정말 필요한 것은 아닌 것 같아서 진짜 사고 싶은 이쁜 쓰레기는 본인이 모은 돈으로 사기로 했지.

그나마 다행인 건 아직 어리고 잘 몰라서 그런지 메이커나 명품에 대한 욕심은 별로 없어서 그런 걸 사 달라고 하지는 않는데 나중에 나이가 들수록 소품이나 문구류가 아니라 차, 가방, 옷 등을 사고 싶어 할 수도 있겠지.

현재 우리 사회는 물질이 기본이 되는 사회라 물질로 서로를 판단하고 물질이 많으면 행복하다고 생각하지. 대부분 사람들이 원하고 바라는 것들도 다 물질과 관련된 것이 사실인 것 같아. 이런 시대에 물질은 별로 중요하지 않다고 말하는 것은 현실에 맞지 않는 것 같고, 나만 무소유로 살고 원시인같이 최소한만 갖추고 살 필요는 없다고 생각해. 하지만 또 필요 이상으로 물질을 추구하면서 사는 것도 바람직하지 않고.

그래서 이번 주제는 이런 물질 중심 사회에 돈으로 가치가 매겨지는 명품이나 브랜드에 대해 이야기해 볼까 해. 너희들도 언젠가 그런 것들에 욕심이 날 수 있으니까.

사람들은 명품이나 브랜드 제품을 왜 가지고 싶어 하는 걸까? 진짜 이쁘고 품질이 좋아서 가지고 싶어 하는 걸까? 같은 재질과 비슷한 디자인이라도 명품 마크가 붙으면 십만 원짜리가 백만 원, 천만 원이 되는 경우도 있는데 아무리 재질이 좋다 해도 과연 열 배, 백 배 이상으로 품질이 좋을까? 그건 아니라는 것은 다들 알 거야. 얼마 전 프랑스 명품 브랜드의 가방 원가가 8만 원인데 그걸 400만 원에 판다는 뉴스도 나왔었어. 그럼에도 명품을 사는 이유는 그 제품이 너무 좋다거나 이뻐서라기보다는 다른 사람들이 나를 평가하는 시선 때문이고, 사람들의 부러운 시선을 받게 되면 나의 자존감이 올라가기 때문일 거야.

그냥 평범한 사람인 A, B가 있는데 한 명만 명품을 들고, 다른 한 명은 일반 제품을 들었다면 나는 그 두 사람을 어떻게 평가할까? 만약 내가 그 두 사람을 아예 몰랐다면 명품으로 그 두 사람의 첫인상은 가를 수는 있겠지. 한 사람은 돈이 좀 있는 사람인가 보다 하겠지만 그렇다고 해서 내가 명품을 든 사람에게 더 호감이 생길지는 모르겠어. 만약 그 두 사람과 하루만 같이 있어 보거나 여러 번 볼 기회가 있어서 그 사람들의 성격 등을 알게 되었다면 난 누구를 높게 평가하고, 누구에게 호감이 갈까? 아마도 나랑 잘 맞고, 성격이 좋은 사람이겠지. 그 이유가 명품을 가지고 있기 때문은 아닐 거야.

그럼 부자인 A가 시장 가방을 들고, 가난한 B가 명품을 들었다면 난 어떻게 생각할까? 가방에 상관없이 A를 부자라고 생각하겠지. 이때 내가 가까워지고 친해지고 싶은 사람은 누굴까? 그건 명품과는 별개로 역시 나랑 잘 맞고, 성격 좋은 사람일거야.

이렇게 명품과 사람에 대한 평가의 관계는 아주 밀접한 것은 아니지만 잘 모르거나 처음 보는 사람의 경우 첫인상에서 조금 영향을 받을 수는 있어. 하지만 첫인상 이후에 더 가까워지면 외면이 아닌 내면으로 평가를 받게 되겠지.

어떤 사람을 평가하고 판단할 때 가장 중요한 것은 명품이나 그 사람이 가진 물건이 아니라 성격이나 인성 등 내면의 모습이 가장 핵심적인 요소라는 것을 알아야 돼. 아주 비싼 외제 차를 타고 다니는 사람이라도 운전을 난폭하게 하고 예의 없이 군다면 그런 사람하고 가까워지고 싶다는 생각은 들지 않을 테니까. 사실 스스로 자신이 없는 사람들일수록 명품으로 무장해서 나를 최대한 사회적인 지위가 높은 사람으로 보이게끔 꾸미는 경우가 많은 것 같아. 어떻게든 사람들이 나에게 호감을 가지게 노력을 해야 하니까.

사실 나는 명품을 안 좋아했어. 비슷한 제품인 것 같은데 명품 마크 하나 있다는 이유로 몇 배 이상 주고 사야 한다는 게 돈 낭비 같고, 다른 사람한테 과시하려는 허영심인 것 같고, 돈 없는 사람한테 괜히 위화감을 들게 만들어서 말이지.

그런데 언젠가부터 명품도 필요한 때가 있다고 느껴졌지. 일단 옷의 경우는 진짜로 브랜드 옷이 일반 제품보다 품질이 좋고 디자인이 이뻐서 입고 싶을 때가 있어. 그리고 날 잘 모르는 사람을 만나는 자리에서 그 사람이 나를 파악할 시간이 충분히 없을 때 겉모습만 보고 판단할 수 있으니 그때는 명품도 도움이 될 것 같다고 생각해. 그리고 명품의 가장 큰 장점은 내가 그 명품을 가지고 있음으로 해서 스스로 부자라고 느끼거나 이걸 편하게 살 수 있을 만큼 나는 돈이 충분하다고 느낀다는 점인 것 같아. 이건 나중에 설명할 시크릿의 원리인데 내가 명품을 들고 다니면서 내가 부자라는 감정을 항상 느낄 수 있다면 진짜 현실에서도 부자가 될 수도 있기 때문이지. 그래서 가끔은 다른 사람들의 시선을 의식해야 한다면, 그리고 나를 잘 모르는 사람들을 만나는 자리에 가야 한다면, 또는 나 스스로 부자라는 감정을 느끼고 싶다면 명품을 활용하는 것도 나쁘지는 않다고 생각해.

대신 반대로 너무 무리해서 산 후에 그 제품을 볼 때마다 후회를 한다거나 걱정스러운 감정이 든다면 오히려 부정적으로 작용하겠지. 요즘 카푸어(car poor)라고 불리는 사람들이 있어. 그들은 돈이 많이 없지만 할부로 비싼 외제 차를 타고 자기를 과시하면서 만족을 느낀다고 해. 하지만 그 사람들이 비싼 차를 타면서 스스로 만족하고 행복한 감정을 느낄 수만 있다면 그것도 나름 괜찮은데, 만약 허탈함을 느끼고, 할부로 돈이 나갈 때마다 걱정되고 아깝다는 생각이 든다면 오히려 본인한테 안 좋게 작용할 수도 있어.

　어쨌든 진짜 중요한 것은 내 겉모습이 아니라 내면이라는 것을 항상 잊지 말아야 한다는 거야. 명품이든 아니든 스스로 부자라고 생각하고, 다른 사람에게 내가 어떻게 보여도 상관없을 정도로 스스로에게 자신이 있고, 확신이 있다면 어떤 걸 들고 다녀도 나와 그 물건은 명품처럼 빛이 날 거야. 세계적인 부자 워렌 버핏이 몇십 년 동안 오래된 낡은 집에 살고, 점심으로 매일 햄버거와 콜라를 먹어도 그 사람은 변함없이 부자이고 그 사람 한번 만나 보기를 원하는 사람이 줄을 선 것처럼.

　결론적으로 물건만이 아니라 나 스스로가 명품이 되면 내가 걸친 모든 것도 다 명품이 될 것이라 생각해. 그래서 많은 브랜드들이 유명한 셀럽들에게 자기 브랜드의 제품을 한 번만 입고 나와 달라고 스폰을 하지. 그 사람들이 무엇을 입었든지 사람들은 그걸 따라 하고 사고 싶어 할 테니까. 그러니 너희들은 명품 쇼핑에 관심 가지는 대신 그 시간에 나를 스스로 명품으로 만들 수 있도록 노력하는 게 훨씬 좋을 것 같아. 오늘도 명품을 사는 게 아니라 내가 명품이 되기 위해 파이팅하자~!!!

👍 **추천 도서**

무소유(법정)

 # 여행에 대하여

"코로나 때문에 여행도 못 가고 너무 안 좋다. 코로나만 아니면 벌써 지금도 외국에서 수영하고 놀고 있을 텐데."

"그러게. 내년이면 다시 놀러 다닐 수 있으려나~ 나도 여행 가고 싶다~~"

"근데 뭐 여행 가도 어차피 리조트 안에서만 수영하고 놀고 먹는데, 지금 우리집에서 수영장 설치해서 놀고 먹고 있으니 똑같은 거 같아~ 짐 안 싸도 되니 더 편한데~"

우리가 코로나 시기에 했던 대화지. 위 말처럼 사실 집에서 먹고 노는 것과 여행 가서 먹고 노는 것이 어차피 똑같아. 오히려 집 떠나면 고생인데 왜 우리는 여행을 가려 하고 왜 여행이 필요할까?

나도 주기적으로 여행을 가는 편이라서 여행 다녀오고 어느 정도 시간이 지나면 마약처럼 다시 여행을 가고 싶어 해. 열심히 일하고 생활하다가 문득 떠나고 싶은 느낌이 들면 "이제 여행을 갈 때가 되었구나." 하고 휴가지를 알아보게 돼. 얼마 전에도 3주 여행을 다녀오니 쌓인 짐 정리와 일상의 현실에 적응이 안 돼서 고생도 했는데 시간이 지나면 여행 후

유증 생각은 안 나고 다시 또 여행 짐을 싸지.

이렇게 귀찮아도 여행 가는 이유에는 "시야가 넓어진다, 처음 경험하는 것들로 새로움과 흥분을 느낄 수 있다, 스트레스 받았던 모든 것에서 멀어질 수 있다, 맘이 편해진다, 편하게 놀고 먹을 수 있다." 등 여러 가지가 있을 거야.

내가 생각하는 여행은 크게 두 종류로 나누어 볼 수 있어. 몸을 위한 여행과 마음을 위한 여행이야.

몸을 위한 여행은 내 몸이 너무 힘들고 피곤할 때 그냥 아무 생각도 안 하고 먹고 자고 쉬는 여행으로 몸에게 휴식을 주는 여행이야. 우리가 보통 휴양지로 3박 4일 정도 짧게 가는 여행들은 거의 이런 여행이라고 볼 수 있지. 내 몸도 너무 힘들었으니 나의 몸에게 "몸아, 고맙다. 지금까지 수고했다. 이제 너도 좀 쉬고 에너지 좀 충전해라." 하고 아무것도 안 하고 맛있는 음식을 먹어 주고 좋은 경험치를 보면 이완시켜 줘야 내 몸도 다시 에너지를 충전해서 열심히 굴러갈 수 있어. 자동차로 말하면 정비소에 들어가서 여기저기 고치고 새로 정비하고 기름칠을 해 주는 거지. 어린이가 있으면 이런 여행을 더 자주 가는 것 같아. 일단 휴가가 길지 않고 멀리 갈 수 없어서 최대한 가까운 휴양지로 가서 리조트에서 나오지 않고 그 안에서만 먹고 자고 쉬지. 굳이 외국에 가지 않아도 할 수 있는 것인데 그래도 외국으로 나가는 건 몸이 멀어지면 마음도 멀어진다고 우리나라를 떠나 있으면 내가 하는 일에서도 더 멀리 분리된 것 같아서 모든 것을 잊고 온전히 쉴 수 있기 때문인 것 같아.

마음을 위한 여행은 내 마음에 에너지를 주는 여행이지. 지금까지 여러 생각과 스트레스에 시달렸는데 그런 스트레스들을 떠나서 안정시키는 한편 새로운 풍경을 보고 새로운 경험을 하고 새로운 사람들을 만나면서 내 마음을 키우고 더 넓고 풍족하게 만들어 주는 거야. 이런 여행은 새싹에 물을 주는 것과 같이 내 마음을 무럭무럭 자라게 해서 더 넓고 크게 해 주는 것 같아. 예를 들어 우리가 긴 연휴나 방학 때처럼 시간적 여유가 있을 때 갔었던 유럽 여행이나 미국 여행 같은 것은 여기에 속해. 유럽에 가서 여러 박물관도 보고, 세계의 문화유산들도 보면서 세계의 미술, 문화, 역사에 대해서 알게 되고 관심을 가지게 되었지. 또 방학 동안 다녀왔던 미국 여행에서는 직접 미국 집에서 가족들과 함께 살면서 미국 학교나 음식, 문화 등을 체험하기도 했지. 다녀와서도 우리가 봤던 미술품과 방문했던 유적지, 먹었던 그 나라의 음식들이 TV에 나오면 뿌듯하기도 하고 계속해서 그 나라에 대해서 더 알아보고 싶었어. 이게 바로 마음의 양식이 되는 여행이 아닐까. 이런 여행은 그냥 쉬고 먹고 놀았던 여행보다 더 많은 이야기를 하고 더 오래 기억을 하는 것 같아.

또한 굳이 해외가 아니더라도 우리나라에서도 충분히 몸과 마음의 여행을 할 수 있어. 최근에도 템플스테이를 할 기회가 있어서 한 번도 안 가 보았던 지역을 가 봤는데 너무 멋진 경험이어서 우리나라도 아름답고 멋진 곳이 많다는 것을 깨달았지.

우리 인생도 어떻게 보면 여행이나 다를 바 없다고 생각해. 인간 세상, 지구에 와서 힘들기도 하고 고통스러운 날도 많지만 그래도 인생을 살면서 느낄 수 있는 재미와 경험이 고통보다 더 많고, 그런 경험들을 바탕으로 내가 더 커 나가며 새로운 성장을 하니까. 여행은 힘들기도 하고 귀찮기도 하지만 삶에 있어서 우리의 몸과 마음의 성장과 충전을 위해서 필요한 것 같아. 앞으로 너희가 살아갈 날이 많을 테고, 이동 수단도 점점 발전하니 더 자주 여행을 할 수 있을 거야. 너희도 여행을 하면서 틈틈이 몸과 마음에 에너지를 충전하고 시야를 넓히며 성장할 수 있기를 바라.

👍 **추천 도서**

지구별 여행자(류시화)

직업에 대하여

"엄마~ 어떤 직업을 가질까?"

"글쎄~ 뭐 하고 싶은데?"

"하고 싶은 것이 너무 많아. 일단 돈을 모으기 위해서 주식 투자가가 되었다가, 그 후엔 여행가처럼 몸과 마음이 자유로운 직업을 하다가 베스트셀러 작가가 되고 싶어."

"계속 생각해 봐. 시간이 지나면 또 바뀔 수도 있으니까."

요즘 너희들의 관심거리는 직업.

하루에도 몇 번씩 "난 CEO가 될 거야, 유엔사무총장이 될 거야, 요리사가 될 거야, 유튜버가 될 거야." 하지. 과연 어떤 직업을 선택하는 것이 좋을까? 좋은 직업이란 무엇일까? 직업은 돈 그리고 삶의 질과 관련되어 있기에 깊이 생각해 봐야 할 주제인 것 같아.

그런데 여기서 말하는 직업은 인생의 목적이나 꿈과 무엇이 다를까? 예를 들어 "난 의사가 될 거야."라고 한다면 그것은 나의 꿈, 혹은 인생의 목적일까 아니면 그냥 돈을 벌기 위한 직업일 뿐일까? 이 차이점을 잘 구분해야 할 거야.

　꿈과 인생의 목적은 의미가 비슷한 것 같지만 약간 다르지. 꿈은 이루기엔 조금 아득하게 느껴지는 단어라면, 인생의 목적은 실제로 이룰 수 있을 것 같은 구체적인 느낌의 단어 같아. 그리고 직업은 말 그대로 돈을 벌기 위한 업이라는 뜻인 것 같지.

　예를 들어 "의사가 될 거야."라는 것은 직업일 경우와 인생의 목적일 경우 두 가지로 나누어 볼 수 있어.

　첫 번째로 "난 의사를 직업으로 삼아서 돈을 많이 벌 거야."라는 생각이라면 그건 돈을 벌기 위한 수단으로 의사라는 직업을 선택할 거라는 말이고 여기에서 인생의 목적은 돈을 많이 버는 것이지. 두 번째로 "난 아픈 사람들을 치료해 주기 위해서 의사가 될 거야."라는 생각이면 아픈 사람들을 치료함으로써 느끼는 보람이 인생의 목적이 되는 것이고, 거기서 벌리는 돈은 그냥 따라오는 것일 뿐 인생의 목적이라고 할 수는 없겠지.

　이 두 가지 차이점은 무엇일까?

　첫 번째의 생각은 인생의 목적이 돈이기 때문에 내가 원하는 충분한 돈을 벌기 전에는 의사라는 직업 자체가 주는 행복을 잘 느끼지 못할 수도 있어. 단지 의사는 돈을 벌기 위한 수단이니까. 환자를 돈으로 보게 되고, 쉬지도 않고 일을 하게 될 거야. 이렇게 돈을 위해 일하다가 오랜 시간이 지나서 내가 원하는 만큼의 충분한 돈을 벌었다면 어떻게 될까? 나의 목적을 이루었으니까 그땐 바로 행복이 찾아올까? 아마도 돈을 많이 번 것 그 자체로 행복한 게 아니라, 그 돈을 가지고 나의 행복을 위해서 어떻게 써야 할지를 다시 고민해야 할 거야. 예를 들어 어떤 차를 사면 행복할지, 어떤 집에 살면 행복할지, 어떤 음식을 먹으면 행복할지, 누구에게 돈을 쓰면 행복할지 등등 다시 나의 행복을 위한 고민을 해야 하는 거지. 돈을 버는 중간중간 그런 것을 고민하면서 나의 행복을 위해 돈도 잘 쓰면 좋겠는데, 많은 사람이 젊을 때 돈 많이 버는 것에만 몰두해서 그 당시의 행복을 충분히 누리지 못하고 나이가 드는 경우가 많아. 하지만 나이가 든 후에는 이미 시간이 많이 지나 늙고, 병들고, 주변에 함께 행복을 누릴 사람들이 없을 수도 있어.

두 번째로 인생의 목적이 아픈 이들을 치료하면서 느끼는 보람이라면 그 사람은 의사를 하는 내내 행복할 수 있을 거야. 환자가 너무 많아서 내 몸이 피곤하더라도 다른 사람들을 치료해 주는 보람은 더 커지겠지. 그리고 돈이 벌리든 안 벌리든 내가 치료해 준 사람이 잘 낫고 나에게 고마워하는 것을 보면 그때마다 나의 인생의 목적을 이미 이루고 있기에 시시때때로 보람을 느끼고 행복해 할 수 있을 거야.

이처럼 나의 목적에 따라서 일하는 그 자체로 보람 있고 행복한 직업을 선택한다면 일하는 내내 행복하겠지. 명예나 돈을 위한 직업이 아닌 내가 그 일을 하는 내내 행복하게 일할 수 있다면 아침에 일어나 직장에 가는 것이 행복할 거야. 이렇게 행복하게 일하면서 돈은 그냥 따라오는 직업을 찾으면 가장 좋을 것 같아.

어떤 사람은 요리할 때 행복을 느끼고, 어떤 사람은 그림을 그릴 때, 춤을 출 때, 글을 쓸 때, 여행할 때, 새로운 것을 발명할 때, 다른 사람들을 도와줄 때 등등 모든 사람이 행복을 느낄 때가 달라. 내가 언제 행복을 느꼈는지 잘 생각해보고 요리사, 화가, 댄서, 작가, 여행가, 과학자, 사회 사업가 등의 직업을 선택하면 되겠지.

하지만 현실은 이렇게 행복을 느끼면서 일하는 직업을 가진 사람이 드

물어. 대부분 학생 때 내가 행복할 수 있는 직업에 대해서 많이 고민해 보지 않아서 어른이 된 후 직업을 선택해야 할 때 어쩔 수 없이 돈을 벌 수 있는 직업으로 선택을 하기 때문일 거야. 그래서 나중에는 내가 행복을 느끼는 직업보다, 돈을 벌기 위한 수단으로 직업을 가지는 사람들이 거의 대부분이야.

사실 아빠는 의사, 나는 변호사로 이 사회에서 다들 부러워하는 직업을 가지고 있지만, 아빠도 20대 후반에 다시 공부를 시작해서 늦게 의사가 되었고, 나도 첫째 딸을 낳은 후 30대에 다시 공부해서 변호사가 되었지. 이렇게 그 직업을 갖는 것이 나의 행복을 위해서 좋겠다고 뒤늦게라도 생각되면 다시 공부하고 도전해서 될 수도 있어. 그리고 어떤 직업을 가지고 일을 하다가도 그 일에 더 이상 행복을 느끼지 못하면 또 다른 직업을 찾을 수도 있어. 솔직히 우리도 변호사, 의사의 직업을 평생 할지는 잘 모르겠어. 아빠는 의사라는 직업에 보람을 느끼고 만족해서 건강만 허락한다면 의사를 계속해도 괜찮을 것 같다고 하는데, 나는 또 다른 일에 도전해 보고 싶다는 생각을 하기도 해. 지금보다 내가 더 행복할 수 있는 일로.

자~ 인생은 길고(너희가 늙었을 때는 100살 이상까지 건강하게 사는 시대가 올 것 같아), 너희들은 아직 어리고, 얼마든지 몇 번이고 다시 선택할 수 있어. 충분히 고민해서, 너희들의 인생의 목적은 무엇인지, 언제 무엇을 할 때 행복한지를 잘 생각해서 직업을 선택하기를 바라. 그게 여러 가지라면 제일 행복할 것 같은 것을 먼저 해 봐. 그리고 하나를 충분히 해 보고, 또 다른 것도 해 보고. 인생은 꽉 막혀 있지 않으니까. 그럼 오늘도 열심히 살아가며 내가 좋아하는 일, 행복해할 만한 일이 뭐가 있을까 찾아 보자~

성 구분에 대하여

"엄마, 남자들은 왜 여자랑 다르지?"

"뭐가 다른데?"

"시끄럽고, 거칠고~"

"모든 남자가 그런 건 아닌데…."

인간은 여성과 남성 두 가지 성으로 나뉘지. 우리가 사는 세계에서는 여성과 남성이 만나서 사랑을 하고 결혼을 하는 게 일반적이고 엄마와 아빠 역시 결혼해서 너희들이 태어날 수 있었어.

생물은 일반적으로 암컷, 수컷이 나뉘어 있고 그 역할이 분명하지만, 자웅동체로 암컷과 수컷의 생식기관을 다 가지고 있는 달팽이나 지렁이 같은 생물도 있고, 수술과 암술이 한곳에 있는 꽃도 성별이 구분되지는 않아.

인간은 신체적 구조로 나누었을 때 여성과 남성으로 구분할 수 있지만, 정신적으로는 더욱 복잡해서 여성의 신체를 가지고 있지만 나는 여자라고 생각하지 않는 사람도 있고, 남성의 신체를 가지고 있지만 여성이 아닌 남성에게 끌리는 사람도 있어. 그래서 사실 네덜란드를 비롯한 유럽의 여러 나라와 미국, 캐나다, 호주 등 많은 국가에서는 동성끼리의 결혼도 법적으로 인정해 주고 있고, 아시아에서는 대만, 네팔, 태국이 동성 결혼을 허용하고 있지.

그럼 왜 여성과 남성이 나뉘어 있으며, 차이가 무엇이고, 살아가는 게 어떻게 다른지를 한번 살펴볼까.

딸들은 여자이고, 요즘 한창 남녀 차별에 관해서 관심을 가지고, 그런 말은 성차별적 발언이라는 등 작은 것에도 열을 올리지. 이건 참 민감한 문제야. 특히 요즘 사회적으로도 성 역할을 중심으로 성 갈등이 심해지고 있고, 지금까지 당연하게 생각했던 성 역할들이 다시 재정립되고 있어. 그래서 앞으로 살아가는 데 있어 성 역할에 대해서 어떤 생각을 가져야 할지 깊이 있게 생각해 보면 좋을 것 같아.

왜 여자와 남자가 나뉘어 있을까? 어떤 종교에서는 조물주가 아예 처음부터 필요에 의해 여자와 남자를 다르게 만들었다고 하기도 하고, 어떤 역사학자는 원래 인류의 시작은 자웅동체여서 일부 물고기들처럼 성의 구분 없이 태어났다가 시간이 지나며 남성과 여성으로 갈라졌을 거라고 하기도 해. 성에 대해 여러 가지 주장과 학설이 많지만 모두 가설일 뿐 어떤 것이 옳은 것인지 우리는 정확히 알 수가 없어.

단 아주 오랜 시간에 걸쳐서 모든 생물은 종의 진화와 번식을 유리하게 하는 방향으로 변이가 일어났다는 것이 정립된 이론이지. 인간도 처음부터 또는 어느 순간부터 남성과 여성으로 나누어지는 것이 인간의 진화와 번식에 유리하다고 판단되었기에 처음 시작이 어떠했든 간에 오랜 시간에 걸쳐 성과 그 역할이 나누어지게 되었을 것이고, 현재도 그렇게 유지되고 있는 것 같다는 게 내 생각이야.

다시 말해서 내가 인간으로서 살아가는 데 있어 여성과 남성으로 나누어져 있는 것이 인간종의 발전과 인류의 발전 그리고 어쩌면 나의 발전에도 도움이 될 수 있을 것 같다는 말이지.

그렇다면 현재 이 사회에서 여성과 남성에게 바라는 역할이 따로 있고, 또는 성별에 따라서 잘하는 것이 따로 있을까?

신체적으로만 보면 남성이 힘이 세니까 육체적인 활동은 남성이 하고, 여성은 아이를 낳아야 하니까 아이를 낳고 기르는 일을 여성이 담당하게 되었을 거야. 이건 집도 없고, 먹을 것도 없고 살아남기 힘들었던 원시 시절에는 설득력 있는 성 역할이었을 수 있어.

하지만 현대 사회는 몸과 힘을 써서 하는 직업보다 앉아서 일하는 사무직이나 머리를 써서 하는 직업이 많지. 이런 사회에서는 남성들이 신체적으로 일하기 적합하다는 말은 맞지 않아. 특히 머리 쓰는 일인 법조계에서는 여성법관의 비율이 30% 정도인데 그 비율이 점점 늘어나고 있고, 교사의 경우는 여성의 비율이 더 높아.

또 요즘은 아기를 낳고 기르는 일을 엄마가 전담하지 않아도 어린이집이나 돌보미에게 맡기고 일을 할 수 있도록 시스템이 잘되어 있지. 아기는 엄마가 직접 길러야 아기가 잘 자랄 수 있다고 생각하는 사람들도 있지만, 그 말은 전혀 사실이 아니야. 세계적으로 똑똑하다고 알려진 유대인들의 경우 결혼한 부부 95% 이상이 맞벌이기 때문에 일반적으로 태어난 지 3개월이 되면 아이를 어린이집에 맡기고 다시 일을 나가.

또 남자가 부엌에 들어가면 집안이 망한다는 말도 있었던 옛날과는 다르게 요즘은 잘 알려진 유명한 남자 요리사들도 많고, 식당을 직접 운영하며 요리하는 남자들도 많은 것 같아. 이렇게 현대 시대의 여성과 남성은 성 역할이 신체적으로나 정서적으로 전혀 구분되어 있지 않아. 남자는 바깥일, 여자는 집안일을 해야 한다는 생각은 지금 시대에서는 맞지 않게 되었어.

혹자는 남녀 차별이 전통적인 유교 사상 때문이라고 하는데 우리나라도 조선 중기까지는 남녀 재산분배도 공평하게 했고, 제사를 지내는 것에 있어서 남녀 구분 없이 돌아가면서 했어. 또 잘 알려진 조선 사대부였던 퇴계 이황이나 연암 박지원도 요리 등의 집안일을 도맡아 했다고 해. 그리고 오히려 유교 사상의 원조인 중국은 남녀 성차별이 심하지 않아. 조선 말부터 들어온 서구 사상 그리고 일제강점기를 거쳐 가면서 우리나라에 성차별이 더 심해진 것이라는 주장도 있어. 언제 어떻게 성차별이 시작되었고, 성 역할이 구분되었는지는 모르겠지만 역사는 상관없어. 가장 중요한 건 남성과 여성은 평등하고 성에 따라서 역할이 나뉘고 차별을 받아야 할 이유는 아무것도 없다는 거야.

물론 신체적이나 생물학적인 차이점이 있긴 해. 하지만 미래에는 의학, 과학의 발달로 여성의 몸에서만 아이를 낳을 수 있다거나 남성이 근육량이 더 많아서 육체적인 활동을 더 잘한다거나 하는 것도 사실이 아닌 날이 올 것 같아.

너희들은 성에 대한 한계를 두지 말고 항상 열린 마음으로 모든 가능성을 받아들여. 어떤 경험이든 나를 성장시키고 발전시킬 수 있도록 한계 없는 삶을 살기를 바라.

👍 **추천 도서**

이기적 유전자(리처드 도킨스)
다윈지능(최재천)

 # 결혼에 대하여

"엄마. 나는 결혼 안 하고 연애만 하고 살까?"

"엄마. 나는 결혼은 할 건데 아기는 안 낳을 거야.
나 같은 아기 낳으면 내가 돌봐 줘야 하고 힘들 것 같아."

"맘대로 해~ 나도 너희들 나이 때는
결혼도 안 하고 아기도 안 낳는다고 했어."

"외할머니는 그때 뭐라고 했어?"

"외할머니도 능력 있으면 결혼 안 해도 된다고
네 맘대로 하라고 했지!"

요즘 부쩍 결혼에 관심이 많은 우리 딸들.

"아빠는 엄마가 어디가 좋아서 결혼했어?" "결혼하니까 좋아?" "엄마는 이상형이 어떤 사람이었어? 지금 아빠가 그 이상형이 맞아?" 등등.

이런 질문에 종종 장난으로 "아빠가 쫓아다녀서 결혼했어." "그때는 엄청 좋았는데 지금은 변한 듯." 말하기도 했고, 애정 표현도 티 내지 않고 조심해서 했는데, 요즘 이런 질문들을 들으면 많은 생각이 드네.

아빠와 엄마는 너희가 생각하고 있는 것보다 더 사랑하고 애정 표현도 많이 하는데 너희들이 보고 있으면 왠지 서로 표현도 잘 안 하고 담담한 척하고 있더라고. 그래서 너희들이 생각하기에 엄마 아빠는 서로 이상형 인가, 사랑하나 하는 의문을 가질 수도 있을 것 같고, 가끔 엄마 아빠가 애정 표현을 하는 걸 보면 "아~ 뭐야~~ 그러지 마!" 하면서 오히려 우리의 애정 표현을 말리는 지경에 이르렀지. 우리나라의 많은 부부들이 표현하는 것도 서툴고, 애정 표현을 부끄러워하는 게 사실이야. 하지만 부끄러워도 애정을 표현하는 게 서로에게도 자녀에게도 좋은 것 같아.

성 구분에 대해서는 앞에서 이야기 했지만, 오늘은 결혼에 초점을 두고 이야기를 해 보려고 해. 내가 결혼할 때는 결혼이 필수라고 생각해서 안 하는 게 이상했지. 하지만 요즘은 점점 결혼을 안 하는 사람들, 아기를 안 낳는 사람들이 늘어나고 있는 것 같아. 특히 요즘 우리나라 저출산 문제는 심각한 사회적인 문제로 대두되기도 했어.

내가 20대 때 외할머니(나의 엄마)와 연수차 미국에 잠깐 살았을 때 알고 지냈던 프란츠와 엘마라는 커플이 있었어. 나이가 60대 정도 된 커플이었는데 원래는 독일 사람들인데, 젊었을 때 캐나다로 넘어와서 그때까지 계속 캐나다에 살고 있었어. 어쩌다 모임에서 만난 그 커플과 친해지게 돼서 나와 외할머니는 캐나다에 있는 그 커플 집에 며칠 머문 적이 있었지. 당연히 그들은 부부라고 단정하고 자식들도 이미 다 커서 분가해서 살고 있을 거라고 생각했었지. 어찌나 다정하던지 아침밥 먹는데 식탁에서부터 뽀뽀를 하면서 "I love you~ darling~" "Thank you~ honey~" 하면서 애정 표현을 하곤 했지. 그런것에 익숙하지 않았던 한국 사람이었던 우리는 처음에는 어디다 눈을 둬야 할지 몰랐어. 하지만 이틀 후에는 그런 애정 표현들이 너무 익숙해져서 아무렇지도 않게 되었어. 나이가 60이 되도록 그렇게 사랑하면서 사는 게 너무 대단해 보여서 물어봤지. 어떻게 하면 이렇게 나이가 들어도 서로 사랑하면서 살 수 있냐고. 그랬더니 자기들은 30년 동안 사랑하면서 꼭 잊지 말자고 약속한 것이 있다고 했어. 첫째는 서로에 대한 믿음이고, 둘째는 서로에 대한 존중이라고. 그러면서 둘 중에 한 가지라도 없어지면 미련을 갖지 말고 서로 보내 주기로 약속했다고 했지. 그래서 마음이 변했을 때 바로 헤어질 수 있도록 평생 결혼도 하지 말고 아이도 갖지 말고 둘만 사랑하면서 살기로 한거지. 그 결과 지금까지 30년이 넘도록 둘이 너무 사랑하면서 살고 있다는 거야. 그 말을 듣고 나는 너무 감동하여서 사랑과 결혼에 관한 생각을 다시 정리하게 되었어.

이 이야기가 끝이 아니야. 그 후 5년 정도 지나 한국에 와서 이메일로 소식을 주고받았는데 그 커플이 드디어 결혼을 한다는 거야. 그동안 안 하다가 이제야 결혼을 한다니 그 이유가 너무 궁금해서 물어봤어. 엘마(나이가 나에게는 할머니뻘이었지)가 알츠하이머에 걸려서 의료 서비스가 좋은 독일로 다시 돌아가서 치료를 받아야 하는데 그러려면 법적 보호자가 필요해서 부부가 되어야 프란츠가 엘마를 돌봐 줄 수 있다는 거였어. 그 말을 듣고 눈물이 났지. 35년 동안 결혼 안 하고 사랑하면서 살았는데 이제 할머니가 알츠하이머에 걸리니 돌봐 주기 위해서 결혼을 한다니. 정말 감동적인 러브 스토리였어.

그때 나도 저런 사랑을 해야겠다는 생각을 했었지. 결혼할 나이가 되어 결혼해서 어쩔 수 없이 정으로 살고, 아이 때문에 사는 그런 부부가 아니라 내 옆에 있는 이 사람이 너무 사랑스럽고 고마워서 아침밥 먹다가 뽀뽀를 해 주고 싶을 정도의 사랑.

그 후 나도 사랑을 하고, 결혼을 안 했던 그 부부와 다르게 한국의 실정에 맞춰서 결혼하고 아이들도 낳고 나름 행복하고 만족하며 살고 있지. 60살이 되었을 때 식탁 앞에서 뽀뽀하면서 "사랑해~" 하고 있을지는 잘 모르겠지만.

나는 너희가 꼭 결혼해서 아이를 낳고 평범한 가정을 꾸려서 남들과 똑같이 그렇게 살라고 권하고 싶지는 않아. 어떻게 살든지 가장 행복하고 하루하루가 즐겁게 살기를 바라. 그러기 위해서 나를 잘 이해하고 말이 잘 통하는 동반자나 가족이 있는 것은 좋을 것 같기는 해. 그게 친구든, 부모든, 남편이든, 애인이든 누구든 상관없어. 아마 다들 그런 동반자를 찾다가 부모나 친구보다 연인이 더 적합하다는 생각을 해서 동반자가 연인이 되었다가 결혼해서 부부가 되고 가정을 갖는 것이겠지.

어쨌든 내가 결혼을 할 때도 왜 결혼을 꼭 해야 할까, 결혼하지 않고 평생 연인으로 살면 안 될까 하는 생각도 했었고, 결혼한 뒤에도 아이는 왜 낳을까, 그냥 둘만 사랑하면서 사는 게 더 행복하지 않을까 하는 생각을 했었어. 결혼을 해 보니, 연인이었을 때와는 또 다른 경험을 할 수 있었고, 아이를 낳아 보니 둘만 있었을 때와는 또 다른 행복을 만날 수 있더라.

결혼을 안 했거나 자식들이 없었다면 나의 삶이 단조롭고 심심하고 가끔은 외롭고 했을 것 같아. 자식을 키우면서도 둘이었을 때보다 더 바쁘고 정신없고 의견이 달라 큰 소리가 날 때도 있어. 하지만 그건 진짜 가끔 버라이어티하고 흥미진진한 삶의 경험이나 양념이라고 생각하면 그렇게 나쁜 느낌은 아니야. 그런 건 지나가는 한순간의 경험이고 대개는 가족과 함께해서 재미있고 보람 있고 새로운 경험을 더 많이 할 수 있는 것 같아.

단 모든 경우 그런 것은 아니고 만약 가족과 함께해서 힘들고 불행한 순간이 더 많아진다면 그때는 나의 결혼생활과 가족생활에 대해서 돌아보고 생각해 보라는 신호일 수도 있을 거야. 한번 결혼해서 가족이 되었다고 너무 불행하고 힘든데도 평생 참고 인내하면서 같이 살아야 한다고 생각하지는 않아. 만약 자식이 있다면 그에 대한 최소한의 배려나 책임감은 있어야겠지만. 그럼에도 불구하고 서로 사이가 좋지 않은 엄마 아빠 밑에서 항상 불안하게 산다면 그건 아이에게도 좋은 영향을 끼치지는 못할 거야.

결론적으로 결혼은 필수가 아니고 선택이고, 자식들을 낳고 기르는 것도 선택이니 내가 행복하고 즐거워질 선택이 어떤 것일지 잘 생각해 보고 결정하면 될 것 같아. 그리고 그 선택에 후회가 있거나 처음의 선택과는 다르게 시간이 흘러 내 삶과 가족의 삶이 불행하다고 느낀다면 언제든 다시 행복할 수 있는 다른 선택을 할 수도 있다고 생각해. 그러니까 결혼을 미리 한다, 안 한다 단정하지 말고 내가 행복할 수 있는 방향으로 자연스럽게 흘러가게 놔두렴~ 이렇게 내 마음속의 소리를 잘 따른다면 너희들은 항상 행복할 거니까~

외모에 대하여

"엄마는 이 세상에서 누가 제일 이뻐?"
"저 연예인 인형같이 이쁘지 않아?"
"난 너무 이쁜 것 같아~"

너희들은 이쁜 것에 관한 관심이 아주 지대하지. 내가 이쁘냐, 네가 이쁘냐, 누가 이쁘냐 물어보지. 보통의 사람이라면 멋지고 이쁘고 아름다운 걸 보면 기분이 좋아.

그런데 이쁘고 멋지다는 것의 기준이 뭘까? 눈이 크고, 코가 높고, 얼굴이 작고, 몸이 날씬하고, 키가 크면 이쁘고 멋지다고 하는 것 같은데…. 우리가 아기였을 때는 그런 기준을 알았을까? 몇 살부터 이쁘다는 기준이 세워질까? 그리고 원시시대나 조선 시대도 같은 기준이었을까? 동물들이 사람을 볼 때도 같은 기준일까?

원시시대에는 마른 사람은 야생에서 살아남기가 쉽지 않았을 거야. 몸이 약할 확률이 높으니까. 그래서 무리 중에서 인기가 있는 사람은 몸집이 탄탄하고 날쌘 사람이 아니었을까 상상이 돼. 나라마다 시대마다 미인의 기준도 달라서 얼굴이 각진 사람, 둥그런 사람, 목이 긴 사람, 엉덩이가 풍만한 사람 등 가지각색이야.

  이렇게 시대에 따라 그 상황에 따라 외모의 기준은 바뀌어 왔어. 우리가 현재 생각하는 외모에 대한 기준은 어릴 때부터 학습되어 온 거야. TV를 보면서, 사진을 보면서, 주변 사람들의 말을 들으면서 미의 기준이 머릿속에 각인이 된 거지. "이렇게 생긴 게 이쁘고 멋진 거야, 저 사람은 너무 뚱뚱하고 키가 작네." 등의 다른 사람의 외모에 대해 평가하는 소리를 들어 왔어. 그리고 그 기준에 맞는 사람들이 아이돌, 모델, 연예인 등을 하면서 자주 언론 매체에 출연하게 되고 그 모습을 매일 보는 우리는 알게 모르게 외모에 대한 선입견이 생기게 되었지. 그렇게 세상에서 정해 놓은 미의 기준에 익숙해지고 그런 세상에 살다 보니 나도 모르게 세뇌가 되어 미에 대한 기준이 내 마음에 심어진 것 같아.

  그럼에도 불구하고 어떤 이는 키 크고 마른 사람을 좋아하기도 하지만 어떤 이는 통통하고 귀여운 사람을 좋아하기도 하고, 투명하고 하얀 피부를 좋아하기도 하지만 까무잡잡한 건강한 피부를 좋아하기도 하는 것처럼 사람마다 취향이 달라서 외모에 대한 기준이 모두 똑같다고 볼 수는 없어.

  그리고 외모도 나이가 들면 다 같이 늙고 쭈글쭈글해져서 기준이 달라지지. 예를 들어 마른 사람보다는 살이 적당히 있는 사람이 피부가 탱탱하고 건강하고 젊게 보여. 이렇게 시간이 지나면 우리가 원래 알고 있었던 이쁜 외모의 기준이 달라지기도 해. 특히 나이가 들수록 그 사람의 인격이 곧 얼굴이라는 말이 있지. 젊을 때 아무리 이뻤어도 심성이 고약하고 못됐으면 얼굴도 못되게 늙고 인상이 안 좋아져서 비호감 가는 미운 외모가 되고, 젊을 때는 외모가 별로였어도 심성이 곱고 착하면 나이 들어서도 얼굴이 환하게 빛이 나고 인상이 좋은 호감 가는 외모가 되는 것 같아. 그래서 나이 들수록 얼굴이 이쁜 것보다 인상이 좋은 것이 더 중요해지지. 그렇다면 사실 50세 이후부터는 (100살까지 산다고 했을 때) 인생의 절반 이상을 원래 우리가 알던 외면의 미가 아닌 심성이나 인격에 의해 형성된 내면의 미로 산다고 할 수 있을 거야. 이렇게 외모를 신경 쓰는 시기는 20, 30대로 길어야 10~20년 정도일 뿐 나머지 삶 동안은 외모로 사는 게 아니라 심성으로 산다고 봐야 할 것 같아.

그리고 그 외모에 관하여 아주 중요한 것 하나는 나 스스로 이쁘다고 생각하면 다른 사람들도 나를 이쁘다고 생각한다는 거야. 난 학창 시절에 공주가 좋아서 친구들에게 스스로 "난 공주야~ 공주라고 불러 줘~"라고 하고 다녔고, 학용품에도 'OO 공주님'이라고 붙이고 다닌 때가 있어. 별로 이쁘지도 않은 애가 왜 저러고 다니나 처음에는 의아해했던 친구들이 나중에는 진짜 세뇌된 것 같다며 내가 공주로 보인다고 했지. 또 내가 대학교 때 만났던 친구 중 한 명도 외모가 그렇게 이쁘지는 않은데, 항상 하는 말이 있었어. "외모는 자신감"이라고. 스스로 외모에 만족하고 자신 있어 하던 그 친구가 시간이 지날수록 내 눈에도 이뻐 보이더라고. 이렇듯 "외모는 자신감!"이라는 말에 나도 동감이야. 내가 이쁘다고 생각하고 스스로 자신이 있으면 다른 사람들이 뭐라 하든 난 이쁜 거야. 다른 사람의 평가를 신경 쓸 필요 없어. 내가 살아가는 데 있어 건강하고, 불편하지 않으면 나의 외모는 완벽한 것이고, 내가 이쁘다고 스스로 생각하면 주변 사람들도 그렇게 생각하게 되어 있어.

앞으로 너희들은 스스로 이쁘다고 자신감 있게 생각하면서 살았으면 좋겠어. 외면의 미보다 더 중요한 것이 내면의 미라는 것을 알고, 외면을 가꾸는 데만 신경 쓰지 말고 내면을 가꾸는 데 더 많은 시간을 투자하기를 바라. 외면을 보고 너희를 좋아하는 사람보다 내면을 보고 좋아하는 사람이 주변에 더 많은 게 훨씬 행복하다는 것을 깨달았으면 해. 그리고 다른 사람들의 외모를 평가할 때에도 그 사람의 내면의 미도 함께 볼 수 있으면 좋겠어.

 이 세상에서 제일 이쁜 아이들아~ 앞으로도 외면도 내면도 아름다운 사람이 되도록 오늘도 열심히 가꾸며 살아 보자~

법에 대하여

"엄마는 변호사라는 직업이 좋아?"
"응. 가끔 힘들긴 하지만 자유롭고 보람 있기도 해."
"법은 왜 만들고, 왜 지켜야 해? 악법도 있지 않아?"

딸이 얼마 전에는 법에 대한 심오한 질문을 했지. 이런 질문은 왠지 로스쿨 입시에 나올 법한 예상 질문인 것 같은데 나도 법과 관련된 일을 하면서도 항상 생각하고 있는 주제야.

사실 변호사 일을 하다 보면 법이 실생활과는 맞지 않는 경우도 있고, 형평성에 안 맞는 경우도 있어. 개인마다 사정과 사연과 환경이 다른데, 그걸 일률적으로 똑같이 규정해 놓은 법은 역시 공평하지 못하다는 생각이 들기도 해. 예를 들어 돈을 많이 버는 사람이 세금을 더 많이 내게 되어 있는 법은 개개인의 환경과 특성에 따라 법에 차별을 둔 경우지. 그에 반해서 돈이 없어서 굶다가 어쩔 수 없이 훔치는 생계형 범죄를 저지른 사람과 돈도 많으면서 습관적으로 훔치는 사람을 같은 법 조항으로 처벌하는 경우는 개인의 사정을 고려하지 않고 일률적으로 규정한 경우에 속하겠지.

　넓은 의미로 법은 규칙, 규범까지도 포함하는 의미인데 학교에서 만들어 놓은 규칙도 학생들에게는 법이나 마찬가지겠지. 학교에서는 담배를 피우면 안 된다, 교복을 입고 다녀야 한다 등등 그 학교에서 지켜야 하는 규칙을 나라로 확장하면 법으로 생각하면 되는 거야. 물론 그 규칙이나 법에 불만을 품고 있을 수도 있고, 악법이라고 생각할 수도 있어. 그렇다면 그건 학교나 국가에 이의를 제기해서 고칠 수도 있어. 그렇게 법을 고치는 것을 국회에서 국회의원들이 하는 일인데 고치기 전까지는 일단 그 법을 따르는 게 사회의 질서를 유지하는 데 필요한 것 같아. 소크라테스도 "악법도 법이다."라는 유명한 말을 남기고 죽었어. 악법이지만 법이 만들어진 이상 그 사회의 일원으로 일단은 지켜야 하겠지.

　사실 우리나라 사람들은 법에 큰 관심을 가지지도 않고, 어떤 법이 있는지도 잘 모르는 사람이 대부분이야. 선진국일수록 법에 관심이 많고, 불합리한 법, 악법, 잘못된 법 등에 대해서 국민이 관심을 가지고 국회의원들에게 개정을 요구하지. 민주주의가 잘 발달한 북유럽의 국회의원들은 매일 직접 국민의 전화를 받고 법에 대해 의견과 항의를 들어 주는 업무를 하느라 너무 바쁘다고 TV에서 본 적이 있어. 그걸 보면 아직 우리나라는 멀었구나 싶은 생각이 들어.

　우리나라에는 법에 대해서 이의를 제기하는 사람도 거의 없지만 어떤 정책이나 지침에 대해서 시청이나 교육청 등에 이의를 제기하더라도 별다른 조치가 없어. 국회의원과는 당연히 통화할 수 없고 공무원이나 일하는 직원과 겨우 통화를 하더라도 돌아오는 대답은 위에서 내린 지침이라 어쩔 수 없다, 우리는 거기에 따를 뿐이라는 답변이었지. 아직 우리나라는 국민이 국회의원이나 고위 관직보다 밑이라고 생각하는 경향이 있어. 국민의 의견을 경청하거나 소중하게 생각해서 그 의견을 정부에 전달해서 바로잡기보다는 행정지침이나 명령은 위에서 하달되는 것으로 생각하는 것 같아. 그래서 윗사람의 지시를 더 가치 있게 생각하고 불합리하더라도 따르려는 경향이 만연해. 이건 국민이 전체적으로 법을 잘 알고, 사회와 정치에 관심이 있어야 해결이 될 것 같은데, 우리나라 초중고 교육과정이나 대학, 사회에서도 그런 것에 대해서 배울 기회가 없는 것이 현실이지. 국영수 같은 대입과 관련이 있는 과목만 중시하다 보니까. 특히 평생 살면서 일반 사람들은 민법, 형법 등 법전을 보는 일은 거의 없을 거야. 나도 변호사가 되기 위해 법 공부를 하기 전에는 본 적이 없었어. 진짜 실생활에 필요한 것이고 나를 직접 제약하고 있는 것인데도 말이지.

결국은 모든 문제는 교육이고, 그 교육이 개선되지 않는 한 하루아침에 법도 사회도 정치도 변하기는 쉽지 않을 거야. 이렇게 미성숙한 교육제도를 만든 어른으로서 미안하게 생각해. 그래도 요즘은 컴퓨터나 핸드폰만 있으면 어떤 정보도 찾으려면 찾을 수 있고, 배우려면 배울 수 있으니 스스로 그런 것을 알아 가기가 예전보다 훨씬 수월한 시대인 것 같아.

우리나라도 유신 시대, 독재정치를 막기 위해서 전국의 고등학생, 대학생들을 중심으로 시위를 하고, 앞장을 서서 법을 고친 역사도 있어. 그나마 정치와 법에 관해서 관심을 가지고 개선하고자 하는 학생들과 시민들이 있었기에 우리나라가 지금 이 정도의 민주사회가 된 거야.

몇 년 전엔 부동산 관련 법들이 개정되면서 그 영향으로 집값이 치솟았다가 다시 떨어졌다가 하는 바람에 관련 법들에 관심이 커졌었지. 부동산은 실생활과 아주 밀접해서 이 법을 알아야 집을 사든 팔든 할 수 있을 테니까. 또 교육에 관련한 법이 바뀌면 자녀의 대학입시에 바로 영향을 미치게 되고, 세금에 관련한 법이 바뀌면 역시 바로 실생활에 영향을 미치게 되니까 이런 법에는 관심을 가지기도 하지. 사람들은 모든 법이 간접적으로 본인에게 영향을 준다는 것은 잘 모르고 지금 당장 실생활에 직접 영향을 미치게 되면 관심을 가지는 것 같아.

  너희들은 항상 넓게 깊게 다방면에 관심을 가지고 지켜볼 수 있는 사람들이 되면 좋겠어. 꼭 법 분야에 종사하는 사람이 아니더라도 여러 가지 법에도 관심을 가지고 언젠가 악법을 발견하면 그걸 앞장서서 고칠 수 있는 사람이 될 수 있기를. 훗날 너희가 어른이 될 때는 우리나라도 모든 국민이 법에 관심을 가지고 누구나 제안할 수 있고, 국회의원들은 봉사직으로 살신성인하며 진짜 국민을 위한 법을 만들 수 있는 정도의 민주국가가 되기를 희망하며…. 지금 어른들의 숙제를 너희에게 살포시 넘기는 것 같아서 미안~

정치에 대하여

"엄마~ 대통령에 대해서 누구는 잘하지 못한다고 싫어하고 누구는 잘한다고 좋아하고 그래? 대통령이 잘하는 거야, 못하는 거야?"

"그러게…. 누가 보면 잘한다고 하는데 누가 보면 너무 못한다고 하지. 이게 정치적인 문제라서 좀 복잡해."

"정치가 뭔데?"

정치란 무엇일까? 한 마디로 나라를 다스리는 일이지. 한 가족 내에서도 무엇인가를 결정할 때도 의견이 분분한데 하물며 이 큰 나라를 다스리려면 얼마나 많은 의견과 주장들이 있을까. 그런 의견과 주장들을 모아서 나라를 다스리는 게 정치야. 대통령을 포함한 모든 정치인은 본인이 정치를 잘하고 있다고 주장하지만 다른 의견을 가진 사람들은 그 선택과 결정에 대해서 불만일 수 있겠지. 정치인들이 내린 정치적인 결정이나 개정된 법으로 인해 어떤 사람들은 더 잘 살고 편하게 되지만 다른 사람들은 오히려 손해를 보게 되는 경우도 있어. 어떤 정치적 결정이든 전 국민이 만족하기는 쉽지 않고 최대한 더 많은 국민이 만족할 수 있도록 하는 것이 바람직한 정치겠지. 한 반에서 회의로 작은 것을 결정할 때도 의견이 나뉘고 그 결정에 불만인 친구들이 있는 것처럼 한 나라에서 내리는 정치적 결정에 불만인 사람들은 훨씬 더 많을 거야.

정치적 선택이 옳은지 그른지는 그 당시에는 잘 모르겠지만 시간이 지나면 나타나는 결과로 평가가 되겠지. 만약 그 선택이 옳았다면 나라가 더 잘살게 되고 더 발전하고 더 행복한 국민이 많아질 테지만, 그렇지 않다면 나라가 혼란해지고 경제가 무너지고 더 힘들고 못사는 사람들이 많아질 거야. 잘못된 정치로 인해 많은 국민이 불편해지면 대통령을 비롯한 정치인들이 정치를 잘못하고 있다고 비판받게 되지.

우리나라는 민주주의의 역사가 짧아서 정확히 민주주의가 무엇인지도 모르는 사람들이 많아. 그래서 정치인을 뽑을 때도 사람은 보지 않고 그냥 정당만 보고 뽑는 경우가 대부분이야. 대체로 이 정당을 뽑으면 나의 이익을 대변해 줄 것 같으니까 정치인이 누군지 어떤 사람인지 자세히 들여다보지도 않고 그냥 뽑지. 그리고 정치인들도 정치인이 되면 모든 국민을 위한 정치를 하기보다는 정권 유지를 위한 정치를 하는 경우가 많아. 또 본인의 사리사욕을 챙기기도 해서 대다수 정치인이 욕을 먹고 있는 것이 현실이야. 특히 우리나라는 정치인들 월급이나 활동비, 연금 등 대우를 너무 잘해 주고, 정치인만 되면 조선 시대 양반들처럼 권력과 돈을 얻을 수 있는 구조로 되어 있어서 정치를 돈과 권력을 위해서 하는 사람도 있어. 그래서 욕심이 많은 사람이 정치인이 되려는 경우가 많고, 그렇지 않더라도 정치인이 된 후 그 권력과 돈의 맛을 보면 처음에 바르게 가졌던 생각이 변하는 사람들도 많은 것 같아. 이와 대조적으로 고대 기원전 철학자 플라톤이 쓴 『국가론』에는 "정치인은 사유재산을 가져서도 안 되고, 그들의 혼을 정결하게 유지하기 위해서 일반 국민들과 어떤 거래도 하게 해서는 안 된다."라고 쓰여 있어.

사실 민주주의의 역사가 깊은 유럽 쪽 특히 북유럽 쪽은 민주주의가 성숙하게 발달해서 정치인을 봉사직으로 생각하고 월급도 우리나라와 비교해서 아주 적은 편이고, 혜택도 많지 않아. 특히 일하면서 쓴 작은 비용까지 다 투명하게 공개하지. 그래서 정치인들이 자신의 욕심을 채우기보다는 진짜 나라와 국민을 위해서 봉사로 일하는 경우가 많아서 국민도 정치인들 덕분에 이렇게 우리가 걱정 없이 잘살고 있다고 생각하고 있다고 해. 우리나라로서는 참 놀라운 이야기고 아직도 먼 이야기처럼 들려.

그렇게 되기 위해서는 국민도 의식이 깨어서 민주주의에 대해서 정확히 알고, 자신의 권리와 의무도 확실히 알고, 정치인들이 바르게 하고 있는지 철저하게 감시하고, 잘못된 것에 대해 시정을 요구할 줄도 아는 등 투명하게 정치할 수 있는 시스템이 갖춰져야 하겠지. 우리나라는 아직 정치적으로 투명하지 않고, 국민도 먼저 나서서 시끄럽게 하는 것을 별로 좋아하지 않는 것이 사실이야. 싸우기를 싫어하는 순한 민족이라 그런가 좋은 게 좋은 거지 하고 넘어가는 경우가 많고 시끄럽게 문제를 제기하고 항의하는 사람들을 오히려 이상하게 보는 것 같아. 반대로 민주주의가 발달한 나라는 국민이 얼마나 철저히 정치인들을 간섭하는지, 식비, 차비까지 쓴 걸 일일이 확인하면서 돈을 이상한 데 썼거나 일을 잘못할 경우는 가차 없이 비판한다고 해. 예를 들어 내가 뉴질랜드 갔을 때 뉴질랜드 총리(우리나라로 치면 대통령)가 주말에 가족들과 점심 먹으려고 맛집 앞에서 일반 사람들과 함께 30분 동안 줄을 서 있고, 해외 출장을 갈 때는 총리 본인 비행기 표만 나랏돈으로 사고 배우자의 비행기 표는 개인 지출로 한다는 현지 뉴스를 보고 정말 감명을 받았어.

민주주의적인 가치관을 머릿속에 심어 주고 민주주의와 정치참여에 대해서 바르게 알 수 있도록 가르쳐 주는 것이 학교 교육의 중요한 역할이야. 하지만 우리나라에서는 법, 정치 등은 대학 가는 데 크게 도움이 안 되고 오히려 공부하는 데 방해가 되기에 중요하게 교육을 하지 않고 있어. 교육을 받지 않은 학생들이 어른이 되면 민주주의나 법, 정치에 대해서 잘 모르는 국민이 되겠지. 이런 우리나라 교육 시스템으로서는 정치인들이 바른 정치를 하고, 국민이 바른 감시를 할 수 있도록 뒷받침하지 못하는 악순환이 계속될 거야.

최근에는 정치적으로 큰 문제가 없어서 학생들이나 시민들이 정치나 법에 관심을 가지지 않고 취직하고 돈 버는 데에만 정신이 쏠려 있었는데… 얼마 전 우리나라 대통령이 계엄을 선포하는 바람에 탄핵을 위한 촛불집회 등으로 온 나라가 떠들썩하고 학생들을 비롯해 온 국민이 정치에 다시 관심이 많아졌었어. 오히려 이 기회로 국민들이 민주주의와 정치에 관심을 많이 가지게 된 것이 다행인 것 같아.

결국은 훌륭한 정치와 바른 민주주의를 만드는 것은 정치인들이 아니고 국민이야. 정치참여는 어떻게 해야 하는지, 진정한 민주주의는 무엇인지에 대해 모든 국민이 실질적으로 배우고 알아야 하고 자신의 권리를 주장해야 이룰 수 있는 것 같아. 학교에서 이 교육이 제대로 안 된다면 우리 각자가 이걸 깨닫고 바른 가치관을 세우기 위해서 스스로 공부하는 수밖에 없지. 특히 나의 가치관을 바르게 정립하는 데는 여러 동서양의 인문 고전들과 세계의 여러 사상가의 주장들이 도움이 될 거야. 예를 들어 소크라테스, 플라톤, 니체, 로크, 루소, 칼뱅, 공자, 맹자 등이 한 이야기를 이해하면 정치를 비롯한 여러 방면에서 지식과 지혜를 쌓을 수 있겠지. 너희들이 나중에라도 시간 되면 그런 책들을 많이 읽으면 좋겠어.

결국, 정치는 누가 하든 어떻게 하든 한쪽에서 보면 잘하지만 다른 쪽에서 보면 못한다고 생각할 수 있어. 그래도 비판하는 쪽이 있어야 그 비판을 발판 삼아 더 나은 정치를 하기 위해 노력하게 되는 것 같아. 100% 모든 국민을 만족시키기는 쉽지 않을 테니 최대한 더 많은 국민을 만족시키고, 우리나라가 다 같이 발전하는 방향으로 가는 데 필요한 것이 무엇인지 고민해서 최고의 선택을 하는 것 그것이 정치지.

너희들도 앞으로 정치인이 될 수도 있고, 정치인을 지지하고 비판하는 똑똑한 국민이 될 수도 있겠지. 어느 쪽이 되든 우리나라가 발전하기 위해서 어떤 선택을 하는 것이 좋을지 고민하고 그런 목소리를 낼 수 있는 사람이 되길 바라~

👍 **추천 도서**

국가론(플라톤)

 # 종교에 대하여

"엄마~ 오늘 받아쓰기 시험 보면서
'백 점 맞게 해 주세요.' 하고 기도했어."

"아~ 그래? 누구한테 기도했어?"

"그러니까…. 친구는 하나님한테 하던데 난 누구한테 해?"

오늘은 종교에 관한 심오한 이야기를 간단하게라도 해 주려고 해. 과연 종교는 뭐고, 신은 뭐고, 진리는 뭘까? 종교가 있고 사람이 있는 걸까, 사람이 먼저 있고 종교가 만들어진 걸까?

그에 대한 정답은 없겠지만 내 생각에는 사람이 살아가면서 이 세상을 다 함께 더 행복하게 잘 살기 위해 종교가 있는 것 같아. 그리고 각 지역이나 환경마다 상황에 따라서 잘 살 방법이나 추구하는 가치가 모두 달랐기 때문에 서로 다른 종교가 탄생했겠지. 그 시대, 그 지역의 선구자들이 남들보다 먼저 진리를 깨닫고 그 깨달은 바를 주변 사람들에게 알려 준 것이 훗날 그 가르침을 같이 따르는 사람들에 의해서 지금의 종교가 되었을 거야. 각 종교가 가르치고 가리키는 것은 그 선구자가 알게 되었거나 깨달은 진리라고 볼 수 있어.

　진리를 깨닫는다는 것이 과연 무엇일까? 진리를 깨달았다는 것은 본인이 생각으로 뭔가 진리를 알게 된 것 정도를 말하는 것은 아닌 것 같아. 아직 나도 완전히 진리를 깨달아 보지 않아서 잘 몰라. 이미 진리를 깨달아 본 선구자 선배들의 말에 의하면 하늘에서 계시를 받았다고 하기도 하고, 머리에 강한 빛이 쏟아져 내려와 벼락 맞은 것처럼 순간 모든 게 그냥 알게 됐다거나 또는 오직 나 혼자만 이 세상에 남은 것 같은 느낌이 들면서 나와 세상이 하나라는 것을 알게 되었다는 등 여러 가지로 느끼는 것 같아. 대체로 진리를 깨닫는 순간 시간과 공간과 나도 없고, 이 우주 또는 절대자와 내가 하나가 되는 순간을 느끼게 된다는 것, 그 정도가 깨달은 분들의 비슷한 경험담인 것 같아.

　다시 말해 모든 종교가 가리키고 추구하는 것은 그 종교의 선구자가 깨닫고 알게 된 진리라는 것이지. 기독교, 천주교는 예수가 깨달은 진리를, 이슬람교는 무함마드가 깨달은 진리를, 불교는 석가모니가 깨달은 진리를 믿고 따르며, 우리나라 종교인 원불교는 박중빈이 깨달은 진리를, 천도교는 최제우가 깨달은 진리를 믿고 따르고 있지.

　그렇다면 진리라는 것이 과연 뭘까? 진리는 이 세계, 우주의 본원이자, 법칙이고, 변하기도 하고 변하지 않기도 하는 그 무엇이고, 존재하는 것 같지만 찾으려면 보거나 찾을 수 없는 것이며, 나의 의식이자, 나를 둘러싼 모든 것이기도 해.

　진리가 종교마다 다르다고 생각하지만 모든 종교의 선구자, 창시자들은 우주와 나의 근본에 대한 진리를 깨달았어. 그리고 그것을 사람들에게 알려 줄 때 그 시대와 그 상황에 맞게 알려 주기 위해 단지 표현하는 방식을 다르게 했던 것 같아. 이렇게 본질은 하나인 깨달은 진리를 기독교, 천주교는 하나님, 그리스도라고 표현하고, 이슬람교는 알라라고 표현하고, 불교는 부처, 불법이라고 표현하고, 원불교는 일원상, 사은이라고 표현하고, 천도교는 한울님이라고 하는 게 아닐까.

종교는 각자가 믿는 것, 신앙하는 대상, 수행하는 방식, 지켜야 할 규율 등은 다르지만 그 본질은 절대적인 진리, 변하지 않는 진리로 다 같은 것을 가리키고 있어.

그럼 왜 종교를 가지는 걸까? 대부분 사람들이 종교를 가지는 이유는 현재 인간의 삶을 잘 살기 위해서 그리고 죽어서 갈 사후 세계를 위해서일 거야.

인간 세상을 잘 살기 위한 가르침은 종교마다 달라. 종교에 따라 돼지를 먹지 말아야 하고, 소고기를 먹지 말아야 하고, 아예 동물을 먹어서는 안 되고, 기도하고 의식을 치른 동물만 먹어야 하는 등의 허용되는 음식부터 다르지. 여자는 남자의 소유물이라는 가르침, 일정한 시간에 기도를 해야 하고 일정한 기간은 금식해야 한다는 가르침, 모든 게 하나님의 뜻이라고 믿고 감수해야 한다는 가르침, 고해성사를 해야 한다는 가르침, 믿기만 하면 안 되고 스스로 계속 마음공부 수행을 해야 한다는 가르침 등 종교마다 잘 살기 위한 방법과 가르침도 달라.

죽은 후의 길도 종교마다 다른데 죽으면 다시 태어나는 윤회를 믿는 종교도 있고, 죽으면 지상에서의 삶은 끝이고 천국이나 지옥으로 간다고 믿는 종교도 있고, 영혼 자체가 아예 사라진다거나, 근본적인 진리와 합일한다고 믿는 종교도 있지.

과연 어떤 게 맞을까? 나도 직접 사후 세계를 가 보지 않았기 때문에 잘 모르겠어. 종교마다 제각기 주장하는 바와 가르치는 바가 달라서 사후 세계의 길은 어떤 게 맞다고 결론 내릴 수는 없을 것 같아.

결국, 어떤 종교의 가르침이 맞느냐를 떠나서 종교들의 가르침이 대부분 착하고 바르고 스트레스 안 받고 잘 사는 법 등을 가르치고 그렇게 산 사람들이 죽어서도 좋은 길로 간다고 말하기 때문에 종교가 없는 사람들보다는 종교를 가지거나 종교에 관해서 공부를 한 사람들이 잘 살 확률이 높고, 진리에 가까워질 기회가 많은 것은 사실인 것 같아. 우리가 위인전을 보면서 나도 이런 사람이 돼야지 하고 그 길을 밟고 따라가면 그 위인을 닮겠지. 한 종교의 깨달은 선구자가 이렇게 살라는 것을 알려 주었으니 그 가르침을 믿고 그 길을 밟아 따라가면 잘 살 확률, 언젠가는 그 선구자처럼 진리를 깨우칠 수 있는 확률이 높을 것 같아.

나도 어릴 때부터 여러 종교를 경험해 봤고, 지금도 종교를 떠나서 여러 가지 종교의 서적과 영적인 깨달음에 관한 책들을 거의 다 수용하고 읽으면서 다방면으로 공부를 하고 있어. 물론 내가 현재 믿고 있는 종교도 있지만, 그 종교만이 절대적 진리라고 생각하지는 않아. 그래도 나 혼자 가는 것보다 이미 가 본 사람이 알려 주는 지름길을 따라서 가면 진리에 가는 길이 조금 더 빠를 것 같다고 생각해. 다시 말해 달이 진리라면 그 달을 가리키는 손가락이 종교라고 볼 수 있고, 어떤 목적지가 진리라면 그 목적지로 가는 교통수단이 종교라고 볼 수 있지. 그 손가락도 없으면 달(진리)이 뭔지도 모르고 헤매는 사람들도 많을 테고, 기차나 비행기 같은 교통수단이 없으면 목적지(진리)까지 가는 시간이 너무 오래 걸릴 테니까.

이 정도면 종교가 뭔지, 왜 종교를 가져야 하는지 조금은 알 수 있으려나. 너희들도 이번 생에서 진리에 도달하는 가장 빠른 교통수단을 잘 찾아서 빠르고 편하고 정확하게 도착했으면 좋겠네. 출발~!

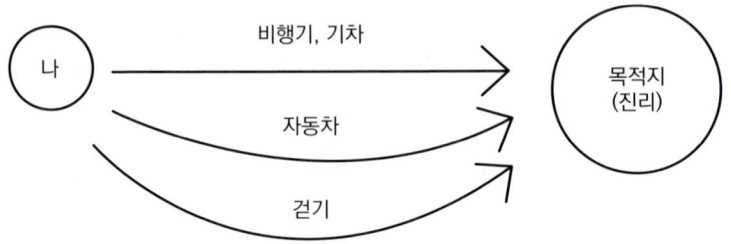

📖 **추천 도서**

신과 나눈 이야기(닐 도널드 월쉬)
초인들의 삶과 가르침을 찾아서(베어드 T. 스폴딩)
람타 화이트 북(제이지 나이트)
신(베르나르 베르베르)

# 인과의 법칙

"엄마~ ○○는 변덕스럽고,
애들한테 함부로 하는데 그래도 친구가 많아. 왜 그러지?"

"만약 그 애가 너한테 잘해 주면 어떻게 할 것 같아?"

"잘해 줄 때는 좋겠지만, 다른 애들한테 하는 것처럼
언젠가 나한테도 함부로 대한다면 멀어질 것 같은데…"

"만약 그 애가 계속 친구를 함부로 대한다면
점점 친구들이 없어지겠지. 그게 인과야."

"인과응보" "콩 심은 데 콩 나고, 팥 심은 데 팥 난다." "뿌린 대로 거둔다." "권선징악" "착한 사람은 복을 받고, 악한 사람은 벌을 받는다." 이런 말들 모두 내가 뿌린 대로 거두고, 지은 대로 받는다는 인과의 법칙을 나타내는 말이야. 인과의 법칙은 특별한 일이 없는 한 이 세상을 살아가는 데 있어 모든 일과 사람에게 적용되는 말이지. 사람 사이의 관계에서도 인과의 법칙이 적용되고, 모든 일에서도 인과의 법칙이 적용돼.

예를 들어 내가 공부를 열심히 하고 노력을 했으면 시험 성적이 좋고,

펑펑 놀았으면 시험 성적이 안 좋겠지. 내가 매일 춤추는 데 에너지를 쏟았으면 나중에 춤을 잘 추게 되고, 그림 그리는 데 많은 시간을 투자했으면 그림을 잘 그리게 되고, 피아노 치는 데 공을 많이 들였으면 피아노를 잘 치게 될거야. 이렇게 내가 행동한 대로 나중에 결과를 얻게 되는 것을 인과라고 해. 원인이 씨앗이면 결과는 꽃이나 열매가 되는 거지. 장미 씨앗을 심었는데 거기서 해바라기꽃이 나올 수는 없으니까.

우리가 살아가는 데 대부분은 예외 없이 인과의 원리가 적용돼. 가끔 어떤 친구는 공부를 하나도 안 하는 것 같은데 왜 시험을 잘 보지, 어떤 사람은 나쁜 일을 많이 하는데 왜 벌을 안 받고 잘 사는 것 같지 하는 생각이 들 때가 있어. 그건 시간과 감정에 따라 여러 가지 변수가 생길 수가 있기 때문이야.

예를 들어 이번 중간고사에 공부를 하나도 안 하고 노는 것 같은 친구가 정말 공부를 안 했을까? 그 친구는 아마 수업 시간에 집중해서 열심히 들었거나, 아니면 이미 학원에서 미리 다 배우고 공부해서 학교에서 노는 것처럼 보였거나, 또는 어릴 때부터 독서를 많이 하고 기초를 탄탄하게 해 놔서 이번 시험 기간에 공부를 조금 하는 것 같아도 기초 지식으로 성적이 잘 나오는 것일 수 있어.

인과는 이렇게 바로 지금 당장 나타나는 것이 아니라 때에 따라 내일 당장 나타나기도 하고, 몇 달 있다가 나타나기도, 또는 몇 년 있다가 나타나기도 하지. 또는 다음 생을 믿는 사람들은 이번 생에서 인과를 해결하지 못했다면 다음 생에 그 인과를 받는다고 해. 그래서 지금 당장 결과가 나타나지 않더라도 실망하거나 좋아하지 말고, 언젠가는 나타날지도 모르는 결과를 준비하고 있어야지. 특히 요즘은 교통의 발달과 인터넷의 등장으로 과거보다 더 빨리 결과가 나타나는 시대라서 누군가가 한 일을 빠르면 몇 초 뒤에도 바로 알 수 있어. 예를 들어 예전에는 누구의 험담을 하더라도, 직접 만나기 전까지는 그걸 전달해 줄 수가 없었지만, 요즘은 듣는 즉시 상대방에게 전화나 인터넷으로 전달해 줄 수 있으니까 말한 지 얼마 안 돼서 당사자가 듣게 되겠지. 이렇게 인과도 시대에 따라서 더 빨리 나에게 돌아올 수 있게 된 거야. 요즘 학교폭력 논란이 되는 연예인들도 본인이 저지른 인과를 바로 돌려받고 있다고 할 수 있어.

그렇다면 내가 지금 행동하고, 말하고, 생각하는 모든 것이 다 원인이 되어 결과로 나타날 것이고, 그 결과도 예전과 다르게 엄청나게 빨리 나타날 수 있으니까 함부로 말하고, 행동할 수 없겠지. 내가 이런 행동을 하면 어떤 결과가 나타날지를 깊이 생각하고 행동해야 하는 거야.

다른 예로 어떤 사람은 예전에 나쁜 짓을 많이 했는데도 지금 돈도 많고 부자로 잘 살고 있는 것 같은데 왜 인과가 적용되지 않을까 의아한 경우도 있어. 과연 그 사람이 정말 잘 살고 있는 것이 맞을까? 만약 그 사람이 현재 많은 욕을 먹고 있거나 가족들과 화목하지 않다면 단지 돈만 많다고 해서 잘 살고 있다고 할 수 있을까? 또는 그 사람이 나쁜 짓을 하기도 했지만 안 보이는 곳에서 좋은 일도 많이 했을 수도 있어. 그럼 그 사람에게 은혜를 받은 사람들의 고마운 마음들이 욕을 하는 사람들의 원성보다 더 크고 많다면 인과가 상쇄되어 버릴 수도 있지 않을까? 또는 그 사람이 나쁜 짓을 하고 난 뒤에 후회하고 진정으로 참회하고 죄를 뉘우쳤을 경우도 있겠지. 이런 여러 가지 변수들 때문에 예전에 나쁜 짓을 한 그 사람이 지금 잘 살고 있는 것처럼 보이기도 할 거야.

그리고 이러한 것보다 더 중요한 것은 선과 악은 명확하게 구분 지을 수 없어서 내가 보기에는 선 같은데 다른 쪽에서 보면 악이 될 수도 있는 경우가 많아. 예를 들어 두 나라끼리 전쟁을 하는 경우 한 나라의 장군이 다른 나라를 쳐들어가서 사람들을 많이 죽여서 승리했다면 패배한 나라에서 볼 때는 그 장군이 진짜 나쁜 놈이지만, 이긴 나라에서 볼 때는 엄청 훌륭한 일을 한 영웅이겠지. 이렇게 선과 악은 상대적이라서 그 장군이 많은 사람을 죽이고 승리한 것이 나쁜 행동인지, 좋은 행동인지는 사람마다 시대마다 다르게 생각하기 때문에 그 결과에 대해서도 좋다 나쁘다 명확하게 답을 내릴 수 없어.

그리고 인과에 있어서 겉으로 나타나는 행동과 결과도 중요하지만, 그 행동을 할 때 나의 마음과 감정도 아주 중요하다는 것도 알아야 해. 기분 좋고 행복한 감정으로 행동하면 좋은 결과를 얻을 것이고, 아무리 돈을 쏟아부으며 자선사업을 하더라도 기분 나쁘고 억지로 하는 마음으로 한다면 복을 얻을 수 없다는 거야. 학생이 공부할 때도 억지로 기분 나쁘게 많은 시간을 앉아 있는 것보다 짧은 시간이라도 스스로 기분 좋게 공부하는 것이 훨씬 결과도 좋게 나오는 것이 이런 원리 때문이겠지.

이처럼 우리 눈으로 보기에는 인과의 법칙에 어긋나 보이는 것 같지만 그것 역시도 겉으로는 보이지 않았던 원인과 결과였던 거지. 그래서 내 눈에 보이는 대로 내가 생각하는 대로 원인 결과가 나타나지 않을 수도 있지만 내가 생각하지 못했던 요소들이 더해져서 나름 인과의 법칙대로 흘러가고 있는 것이라고 생각해.

결론적으로 모든 일은 심은 대로 결과가 나타나는 것이고, 그 원인은 겉으로 드러난 행동뿐 아니라 눈에 안 보이는 요소와 감정, 마음 등으로 좌우될 수도 있다는 거야. 그래서 어떤 행동을 할 때 나의 마음과 감정이 어떤지 잘 바라보고, 다른 사람의 행동을 볼 때도 저 사람이 어떤 감정으로 저 행동을 하는지를 보면 앞으로 나와 그 사람에게 나타날 결과도 예측할 수 있을 거야.

자 그럼 오늘 중요한 하나의 원리를 배웠으니 한번 써먹으러 나가 볼까. 내 마음에 어떤 씨앗을 심고 어떤 마음으로 어떤 행동을 하고 있는지, 이 행동으로 인해서 어떤 꽃이 활짝 피고, 어떤 결과가 나타날지 상상해 보며 오늘도 좋은 씨를 뿌리러 가 볼까?

끌어당김의 법칙 (시크릿의 법칙)

"엄마 내가 정말 간절히 바라면 다 이뤄지는 거야?"
"그렇지~ 그런데 가끔은 너무 간절히 바라는 건데 잘 안 이뤄질 때도 있어."
"왜? 그럼 어떻게 해야 이뤄져?"

이 주제는 내가 말해 주고 싶은 것 중 중요도로 치면 첫 번째라고 할 수 있어.

일명 끌어당김의 법칙 또는 시크릿의 법칙으로도 알려져 있는데 '시크릿'이라는 책과 다큐멘터리로 전 세계에서 엄청난 반향을 일으켰었지. 이 법칙 하나를 알려 주려고 예전부터 수많은 책들이 나왔고, 그중 많은 책들이 전 세계적으로 베스트셀러가 되었고, 수없이 많은 동영상과 영화들도 제작이 되었어. 아마 너희들도 살아가면서 무수하게 많은 이런 부류의 책과 영상들을 접하게 될 거야. 이번에는 간단하게 요점만 알려 줄게. 더 자세한 것은 나중에 기회가 될 때 너희들이 직접 찾아보기를 바라.

이 법칙은 정말 내가 간절히 바라는 게 있다면 내 마음속으로 그걸 상상하고 그 감정을 느낌으로써 나에게 끌어당겨서 내가 원하는 것을 이룰 수 있다는 거야.

"에이~ 원하는 대로 어떻게 다 이루어져~"라며 믿어지지 않을 수도 있겠지. 하지만 나도 지금까지 살면서 이 법칙을 이용해서 원하는 것을 이루었고, 앞으로도 계속해서 이 법칙을 이용해서 원하는 것을 끌어당길 거야. 일단 믿고 해 보면 "진짜 그렇네~ 신기하네~"라고 생각되지.

그럼 이 원리에 대해서 간단히 설명해 줄게.

이 세상에는 눈으로 볼 수 있는 것들도 있지만 눈으로 볼 수 없는 많은 것들도 존재하지. 예를 들면 빛, 바람, 주파수, 전기, 파동, 중력, 관성 그리고 에너지 등이 있지. 이들 중에 전기처럼 그 존재와 원리와 움직임이 거의 밝혀진 것도 있고, 에너지같이 그 존재에 대해서는 이미 모두 알지만, 자세한 원리나 작용에 대해서는 밝혀지지 않은 것들도 있어.

시크릿의 법칙은 확실히 존재는 하지만 아직 정확히 밝혀지거나 증명할 수 없는 보이지 않는 힘과 관련된 법칙이라고 볼 수 있지. 내가 바라는 무엇인가를 생각하고 그것을 진짜 얻은 것처럼 느끼면 그 생각과 감정이 끌어당기는 힘으로 작용해서 내가 바라는 무엇인가가 내 눈앞에 실제로 나타나는 원리야.

방법은 만약 어떤 장난감을 원한다면 그 장난감을 계속 생각하고 원하는 한편, 진짜 그 장난감을 가지고 논다고 매일 상상하면서 신나고 재밌게 노는 감정을 진짜처럼 느끼는 거야. 그러면 시간이 지나 언젠가 그 장난감이 너의 눈앞에 실제로 나타나게 될 거라는 거지. 누가 선물로 그것을 사 주든지, 또는 누군가가 이제 자기에게 필요 없다고 물려주든지, 아니면 그 장난감을 사라고 돈이 생기든지 등 여러 가지 방법의 하나로 그 장난감을 가질 수 있게 되는 거야.

또는 너희가 놀이동산에 가고 싶다면 일단 가고 싶다고 생각하고, 이미 간 것처럼 상상하면서 놀이동산에서의 신나고 즐거운 감정을 계속 느끼다 보면 어느 순간 진짜 너희가 놀이동산에 가게 되는 거지.

믿을 수 없다고? 너희가 원하는 대로 모든 것을 이룰 수 있는 세상. 이건 만화에서나 나올 것 같지만 실제로 이런 방법으로 원하는 것을 이루고 있는 사람들이 아주 많아.

여기서 가장 중요한 것은 원하는 것을 생각만 하고 바라기만 하는 것으로는 이 법칙이 작동되지 않고 진짜로 그 감정을 느낄 수 있어야 한다는 거야. 이루어지지도 않았는데 어떻게 먼저 즐거움이나 행복감 같은 걸 느낄 수 있을까 의아하겠지. 그렇지만 살다가 가끔 진짜 바라는 게 이루어졌을 때 "어떤 느낌일까~ ?" "상상하는 것만으로도 너무 즐거워~" 할 때가 있지?

예를 들어 첫째 딸이 제주도로 수학여행 가기 전에 짐을 싸면서 "아~ 수학여행 가서 친구들하고 뭐 하고 놀까? 너무 흥분돼~ 너무 재밌을 것 같아~" 하면서 며칠 동안 흥분과 기쁨으로 잠을 설쳤지. 그때는 아직 제주도에 가지도 않았는데 이미 간 것처럼 들뜨고 기뻐서 콧노래를 부르고 즐거워했었지. 바로 그런 느낌이야. 아직 직접 가지지 못했고, 직접 가 보지 못했지만 상상하는 것만으로도 이미 가지고, 이미 간 것처럼 기쁘고 행복한 느낌. 그런 느낌을 반복해서 느끼는 연습을 하면 진짜 원하는 것이 눈앞에 나타날 거야~

실제로 어떻게 하는지 구체적으로 연습해 보자.

일단 내가 원하는 목록을 종이에다가 작성해. 그리고 그 종이를 책상 앞에 붙여 봐.

너희들 나이에 원하는 것들은 대충 이 정도겠지.

1. 갖고 싶은 물건, 장난감
2. 친구들하고 친하게 지내기
3. 공부 잘하기, 원하는 대학 합격
4. 이쁜 외모

이 목록을 책상 앞에 붙여 놓고(이 목록은 필요할 때마다 추가될 수도, 바뀔 수도 있겠지.) 번호별로 5분 정도씩 이미 이루었다고 상상을 하는 거야.

1번. 내가 원하는 물건이 내 침대에 있다고 상상해 보자. 이 물건이나 장난감을 가지고 만지고 즐겁게 역할 놀이를 하고 잘 때도 내 옆에 놓고 같이 자는 나의 모습을 5분간 상상해 보자. 이미 가진 것같이 행복한 감정이 느껴지지?

2번. 친구들하고 잘 지내는 나의 모습을 눈을 감고 상상해 보자. 친구들하고 재미있게 놀고, 웃고, 떠들고 행복한 나의 모습을 5분간 상상하고 그때의 행복하고 즐거운 감정을 느껴 보자~ 충분히 느껴지지?

3번. 공부를 잘하는 나의 모습을 상상해 보자. 성적표를 상상하고 그 안에 내가 원하는 등수가 적혀 있는 것을 머릿속에 그려 보고, 원하는 대학에 합격해서 선생님과 부모님이 칭찬을 해 주시고, 친구들도 부러워하는 나의 모습을 5분간 상상해 보자. 스스로가 너무 자랑스러워지는 것이 느껴지지?

4번. 내가 이뻐진 모습을 상상해 보자. 날씬하고 이뻐져서 이쁜 옷을 입고 지나가는 나를 보고 사람들이 너무 이쁘다, 너무 멋지다 하고 쳐다보는 모습을 5분간 상상해 보자. 5분 후 상상을 멈춘 후에도 그 기분 좋은 느낌이 아직 남아서 진짜 내가 이쁜 것같이 느껴질 거야.

만약 5분이 너무 길다면 3분 또는 30초도 괜찮아. 또는 시간이 많다면 10분씩 상상해도 상관없어. 그 즐겁고 행복한 감정을 충분히 느낄 정도로 상상하면 돼. 그리고 상상이 잘 안된다면 원하는 것을 직접 사진으로 뽑아서 보거나 동영상을 보면서 상상하는 것도 좋아. 이런 연습을 매일매일 반복해서 하면 언젠가 진짜 너희가 원하는 것을 이룰 수 있을 거야.

나아가 이 끌어당김의 법칙은 내가 원하는 것을 생각하고 느낌으로써 끌어오는 것이라서, 내가 지금 현재 느끼는 감정과 비슷한 것을 계속해서 끌어오는 원리가 숨겨져 있어.

다시 말해서 내가 현재 기분이 좋고 행복한 감정을 느끼고 있으면 계속해서 그런 기분 좋고 행복한 것들이 내 앞에 나타나고, 내가 기분 나빠하고 우울해하고 있으면 계속해서 기분이 좋지 않은 것들이 내 앞에 나타나게 되는 거야. 그래서 머피의 법칙(우연히 자신에게 안 좋은 일만 거듭해서 일어난다는 것)과 샐리의 법칙(우연히 자신에게 유리한 일만 거듭해서 일어난다는 것)이라는 말들이 그냥 생겨난 게 아닌 것 같아. 머피의 법칙과 샐리의 법칙은 우연히 일어나는 것이 아닌 모두 이 끌어당김의 법칙으로 일어나는 일들이라고 볼 수 있어. 모두 내 기분, 내 감정들이 에너지가 되어 그 감정과 비슷한 에너지들을 계속 만들어 내고 끌어당기는 것이지. 또 사자성어로 유유상종(類類相從), 우리나라 말로 끼리

끼리 어울린다는 말도 다 같은 맥락에서 나온 말들인 것 같아. 비슷한 사람들끼리 어울린다는 말인데 비슷한 감정과 에너지를 가진 사람들끼리 서로를 끌어당기기 때문에 어울리게 되는 원리야.

정리하자면 끌어당김의 법칙(시크릿의 법칙)은 너희들이 원하는 것을 상상하고 느끼는 연습을 하면 현실로 진짜 이룰 수 있다는 것, 너희들이 행복한 상상을 하고 행복한 감정을 느끼면 느낄수록 행복한 것들이 계속해서 너희 앞에 나타난다는 거야. 진짜 중요한 건데 학교에서는 이런 것을 배우지 않기에 너희들에게 꼭 알려 주고 싶었어. 사실인지 의문이 들면 직접 해 봐~ 해 보면 진짜라는 것을 스스로 알게 될 테니까.

이 원리를 앞에 인과의 법칙과 함께 응용하면 효과가 더 빨리 나타날 거야. 예를 들어 내가 전교 1등을 하는 상상을 하고 느끼면 나도 진짜 전교 1등이 되고싶어서 더 노력하게 되겠지. 내가 날씬한 상상을 하고 느끼면 밥을 덜 먹게 되어서 살이 더 잘 빠질거고.

이제 시크릿의 법칙을 알았으니 살면서 기분 나쁜 일이 있어도 오래 느끼지 말고, 다른 행복하고 기분 좋은 것을 상상하고 느끼면서 살자.

그러면 행복한 에너지가 너희에게 끌어당겨질 거야. 항상 너희가 원하는 것을 끌어당기며 살기를 응원해~

👍 추천 도서

시크릿(론다 번)
유쾌한 창조자, 유인력 & 끌어당김의 법칙, 머니룰, 볼텍스 등(에스더 힉스, 제리 힉스의 책들)
제로: 현실을 창조하는 마음 상태(천시아)

호오포노포노

"엄마~ ○○ 때문에 속상해. 짜증 나고 화나.
그렇다고 따지면 더 상황이 안 좋아질 것 같아서 그렇게 하기도 싫어."

"그래? 그럼 어떻게 하면 좋을까?
지난번에 엄마가 말한 호오포노포노를 한번 해 보면 어때?"

"내가 잘못한 것도 아닌데 왜 내가 그걸 해야 해?
걔는 아무 변화도 없을 것 같은데…."

　호오포노포노는 고대 하와이인들의 문제 해결법이라고 알려진 방법인데 하와이어로 호오는 목표, 포노포노는 완벽을 뜻하고 완벽을 목표로 잘못된 것을 바로잡는다는 의미야.
　이건 너무 쉽고 단순하고 간단한 방법인데, 어떤 원하는 목표가 있거나, 무엇인가 문제가 발생했을 때 그것을 바로잡기 위한 방법으로 "미안해요, 용서해요, 감사해요, 사랑해요."를 주문을 외우듯이 되풀이하는 거야. 뭔가 들어 본 것 같기도 하고 생소한 것 같기도 할 거야. 이것에 대한 자세한 설명이나 실천담은 이미 책으로 많이 나와 있어서 더 자세히 알고 싶다면 그 책들을 참고하고 여기서는 간단하게 알려 줄게.

호오포노포노가 사람들에게 알려지게 된 것은 범죄를 저지른 정신병자들이 있는 하와이의 수용 시설에서 실제로 효과를 보면서부터였어. 그 정신병자 수용소는 너무나 험악하고, 치료 불가능할 것 같은 정신병자들만 있어서 일하는 직원들도 너무 힘들어 몇 달을 채우지 못하고 계속해서 그만둘 정도로 희망이 없는 곳이었대. 그런데 이하레아카라 휴 렌이라는 심리치료사가 그곳에 가서 수용자들과 상담도 하지 않고 만나지도 않은 채로 혼자 정신병원을 돌아다니며 호오포노포노만을 하였는데 이상하게 시간이 지날수록 수용자들이 거의 다 정상으로 돌아오고 결국에는 모두 정상적으로 퇴원해서 그 정신병원이 문을 닫게 되었다는 내용이었지. 믿을 수 없는 이야기 같지만, 실화라서 그 이후로 호오포노포노가 세계적으로 유명해졌어.

호오포노포노의 방법이나 원리는 어떻게 보면 참회나 기도의 방법과 원리와 비슷하긴 한데 조금 다른 점이 있지. 참회는 내가 스스로 잘못한 것에 대해서 바로잡기 위해서 용서해 달라는 의미로 참회를 하는데, 호오포노포노는 내가 잘못한 것이 아니라 내 주위 사람이 잘못한 것이 있다고 해도 주체가 그 사람이 아닌 내가 호오포노포노를 하면 그 사람이 잘되는 효과를 얻을 수 있다는 거야. 또 무엇인가 간절히 원할 때 기도하는 것과 마찬가지로 원하는 일이 있는데 잘되지 않을 때 호오포노포노를 하면 그것을 못 이루게 하는 에너지들이 정화돼서 결국은 내가 바라는 대로 그것이 이루어지는 효과를 얻는다고 해.

예를 들어서 내가 아니라 우리 가족 중 누가 아파서 그게 나았으면 좋겠다는 생각을 하는 것은 잘못된 무엇을 바로잡고자 하는 마음이기 때문에 그 사람을 위해서 내가 호오포노포노를 하면 되는 거지. 또 내가 돈을 더 벌고 싶은데 계속 가난을 벗어나지 못하고 있다면 그 잘못된 것을 바로잡기 위해서도 호오포노포노를 하면 해결이 될 수 있다는 거지.

어떻게 보면 우리가 바라는 바를 이루게 해 달라는 기도와 내가 알게 모르게 지은 죄를 용서해 달라는 참회가 혼합된 것 같기도 해. 두 개의 효과를 같이 누릴 수 있는 것이 호오포노포노가 아닌가 싶어.

이 원리를 조금 더 살펴보면 앞에 말했던 시크릿(끌어당김의 법칙)이 내가 원하는 것을 끌어오는 원리였다면 호오포노포노는 내 안에 쌓여 있는 잘못된 것들(그게 부정적인 에너지일 수도 있고, 잠재의식 속의 무엇일 수도 있고, 불교 용어로 나에게 쌓여 있던 업이라고 볼 수도 있지)을 정화하는 작업을 통해 나를 깨끗하게 비우는 원리라고 볼 수 있어.

그렇다면 여기서 왜 나를 비우고 정화해야 할까? 만약 그릇에 더러운 물이 담겨있다면 그 물을 비워야 깨끗한 새 물을 담을 수 있겠지. 그릇을 비우지 않고 더러운 물에 새 물을 더 담으면 물은 계속 더러울거야. 마찬가지로 내 마음과 의식 속에 남아 있는 부정적인 기운과 요소들을 비웠을 때 내가 원하는 것을 담기가 쉬울 거야. 끌어당기기도 더 잘될 거고.

그럼 호오포노포노는 어떻게 하는 것일까. 아주 간단해. 그냥 시간이 될 때마다 입 밖으로든 마음속으로든 "미안해요, 용서해요, 감사해요, 사랑해요."를 말하고 있으면 돼. 그 앞에 주어를 붙여서 "○○야(나 자신의 이름). 미안해, 용서해, 감사해, 사랑해."라고 해도 되고 또는 그 앞에 원하는 것을 붙여서 말해도 돼. 예를 들어 부자가 되길 바란다면 "돈아", 건강해지길 바란다면 "건강한 나의 몸아", 우리 가족의 행복을 원한다면 "우리 가족아", 이 세상이 평화롭고 행복하길 바란다면 "나를 둘러싼 이 세상아" 등의 호칭을 앞에 붙이고 "미안해요, 용서해요, 감사해요, 사랑해요." 하면 돼. 마음속으로든 입 밖으로든. 방법이 아주 간단하지?

　이걸 하다가 보면 공통적으로 궁금해하는 것 중의 하나가 감사해요, 사랑해요는 잘 되는데 내가 잘못한 것이 있는 것도 아닌데 미안해요, 용서해요라고 하는 것이 잘되지 않는다는 것이야. 하지만 여기서 미안해요, 용서해요는 나 아닌 다른 사람이나 어떤 존재에게 용서를 비는 것이 아니라 내 안의 잠재의식 속에 숨겨져 있던 또는 내가 스스로 만들어 낸 부정적인 것들에 대한 참회를 말해. 다시 말해 돈을 원하는데 계속 가난하다면 돈에 대해 가졌던 나의 부정적인 생각을 정화하고, 날씬해지고 싶은데 살이 쪄 있다면 음식에 대해 가졌던 나의 부정적인 생각을 정화하는 거야. 그러니 누구에게 미안하다거나 잘못했다는 생각을 가지지 않아도 되니 불편해하지 않아도 돼. 그런데도 만약 그게 계속 불편하다면 그냥 "사랑해요, 고마워요."라고만 해도 괜찮아.

　그리고 호오포노포노에 담겨 있는 또 다른 중요한 원리 중의 하나는 너와 나는 둘이 아닌 하나로 연결된 존재라는 거야. 그렇기에 다른 사람이 아파도 내가 대신 호오포노포노를 함으로써 그 사람의 아픈 것을 낫게 해 줄 수 있어. 예를 들어 엄마가 자식들을 위해서 호오포노포노를 해서 내가 정화되면 역시 나와 하나로 연결되어 있는 자식들도 정화되기에 그들의 일이 잘되고, 원하는 것을 얻고, 잘못된 것들을 바로잡을 수도 있게 되는 거야.

　위 대화에서 학교에서 딸이 어떤 일이 속상하다고 전화했을 때, 내가 호오포노포노 해 보라고 했었지. 그때 했는지 모르겠지만 사실 나도 몇 분간 딸을 위해서 호오포노포노를 했고, 바로 한 시간 뒤에 그 아이가 오해해서 미안하다고 사과했다며 일이 잘 해결되었다고 말했었지. 이렇게 머리로는 믿어지지 않지만 직접 해 보면 바로 효과가 나타나곤 해. 이 세상의 모든 원리가 머리로 잘 이해되지 않고, 눈으로도 보이지 않고, 과학적으로 잘 설명할 수 없다고 하더라도 직접 해 보면 그 결과를 느낄 수 있고, 진짜 효과가 있구나 하고 믿어지는 것들이 참 많이 있어.

호오포노포노가 세상에 알려진 계기가 되었던 하와이 정신병자 수용소에서의 결과나 위에서 엄마가 딸을 위해 호오포노포노를 한 결과나 모두 우연이 아니야. 앞에서 말했던 시크릿의 원리처럼 눈에 보이지 않는 어떤 것, 그것이 에너지일 수도 있고, 파동이나 주파수일 수도 있지만 어쨌든 그런 것들이 존재하고 실제로 작용한 결과라고 할 수 있어.

다시 정리하자면 "내가 호오포노포노를 하면 나와 다른 사람을 정화해서 부정적인 기운을 바로 잡고 원하는 것을 이룰 수 있게 된다. 이것은 나를 정화하는 의식이고, 나와 연결된 다른 사람을 함께 정화하는 의식이고, 사람뿐 아니라 내 안의 부정적인 생각, 내 주위의 부정적인 기운, 부정적인 환경 등을 정화하는 의식이다. 꼭 원하는 것이 있거나 없거나 상관없이 시간이 날 때마다 생각이 날 때마다 이 말을 반복해서 하면 부정적인 기운이 정화되어 좋은 일만 생길 거다."라는 이야기야. 정말 중요하겠지? 오늘도 시간 될 때마다 틈틈이 주문처럼 외워 봐.

"미안해요, 용서해요, 감사해요, 사랑해요."

👍 추천 도서

호오포노포노의 비밀(조 비테일, 이하레아카라 휴 렌)

시간과 나이에 대하여

"엄마는 몇 살이야?"
"글쎄~ 20대 또는 30대 정도인가?"
"무슨 소리야~ 40대면서~"
"나이가 무슨 의미가 있어?
사람들이 그냥 임의로 만들어 놓은 숫자인데….
엄마의 마음은 늘 20대야~"

나이를 말하려면 시간에 대해서도 말해야 하지. 태어나서 시간이 지날수록 나이가 드는 거니까. 과연 시간은 무엇일까?

지금 ○월 ○일 ○○시라는 시간이 무엇을 의미하는 걸까? 보통 시간이 흘러간다고 표현하는데 그렇다면 나는 가만히 있는데 시간이 물처럼 흘러가고 있는 걸까?

우리는 매일 아침에 눈을 떠서 학교에 가고, 직장에 가고, 하루를 보내다가 해가 질 때 들어와서 밤이 되면 다시 잠을 자지. 나는 하루가 너무 짧은 것 같다는 생각을 종종 해. 사무실에 출근해서 오전 시간에 책을 보거나, 글을 쓰거나, 뉴스를 보다 보면 벌써 점심시간이고, 점심 먹고 나서

일 조금 하고 전화 몇 통 하면 퇴근 시간이고, 집에 와서 씻고 밥 먹고, 책 조금 읽으면 다시 자는 시간이야. 한 것도 없는데 왜 이렇게 시간이 빨리 갈까 하고 생각하는 날이 거의 매일매일이야.

그런데 아마 너희들은 다를 거야. 하루가 엄청 길겠지. 학교 가서 한 교시 수업이 왜 안 끝나나 지루할 거고, 수업이 끝나면 쉬는 시간에 뭐든 하고 놀 거야. 심지어 그 짧은 10분 동안 화장실도 가고, 친구랑 놀기도 하고, 공부도 하지. 그렇게 긴 학교생활이 끝나면 방과 후 수업이나 학원을 가는 시간도 너무 길게 느껴질 거야. 집에 와서 씻고 밥 먹고 나서도 잘 때까지 다시 공부도 하고, 숙제도 하고, 오락도 하고, 컴퓨터·TV도 보고 일찍 자기 싫어서 한참을 뭔가를 하고 나서야 이 긴 하루를 끝내고 잠을 자지.

이렇게 사람마다 시간에 대해 느껴지는 생각과 길이는 다 다른데 대체로 공통적인 건 나이가 들수록 시간이 빠르다고, 다시 말해서 하루가 짧다고 느낀다는 거야. 특히 나이가 많은 사람일수록 하루하루가 쏜살같이 (쏜 화살처럼 빠르게) 지나가는 것처럼 느껴지지.

아인슈타인의 특수상대성 이론에 의하면 "멈춰 있는 물체의 시간보다 움직이는 물체의 시간이 더 느리게 간다."라고 해. 그래서 아무 일과도 없이 멈춰 있는 노인들의 시간이 열심히 움직이는 젊은이들의 시간보다 빨리 가는 것일까 하는 생각도 해 봤어.

그럼 시간을 왜 지나간다, 흘러간다고 할까? 물은 그나마 형체가 없어도 흘러가는 것을 볼 수는 있는데 시간은 물처럼 흐르거나 지나가는 것이 보이지도 들리지도 않지. 그럼 시간은 있는 걸까 없는 걸까? 나도 항상 시간이 모자란 느낌이라 시간이 과연 무엇인지에 대해서 많은 생각을 하곤 했어.

한 가지 확실한 건 시간은 사람들이 편리를 위해서 우리끼리 한 약속일 뿐 실체가 없다는 거야. 전 세계가 약속해서 시간을 똑같이 맞춰 놓고 "1년 달력은 12개월로 하고, 하루는 24시간, 1시간은 60분으로 하자. 그래서 약속을 하거나 날짜를 계산하거나 역사를 적을 때 서로 다른 나라에 살아도 시간을 똑같이 정해서 편리하게 하자."라고 미리 정해 놓았지. 이렇게 전 세계가 시간을 동일하게 하자고 약속한 지도 오래되지는 않았어.

아마도 옛날 사람들은 시계가 없어서 해를 기준으로 아침에 해가 뜨면 만나자, 해가 가장 높이 뜰 때 만나자, 노을이 질 때 만나자 정도로만 약속을 했을 거야. 그러다 비가 와서 날이 어두운 날은 뱃속의 시계로 시간을 가늠하기도 했을 것이고. 우리는 이렇게 실체 없이 흘러가는 시간 속에서 살고 있고, 그렇게 1년이 지나면 나이를 먹어. 결국, 12월 31일에서 1월 1일까지 하루밖에 안 지났지만 한 살을 더 먹었기에 더 늙었고 더 어른이 되었다고 생각하지. 오늘 지나서 내일이 되었다고 내가 더 늙고, 어른이 되는 것은 아닌데 이상하지. 오히려 어제보다 오늘 더 잘 먹고, 잘 쉬고, 건강하게 지냈다고 하면 오늘이 어제보다 더 피부도 좋고, 신체도 어제보다 젊어졌을 수도 있는데 말이야. 이렇게 시간을 임의로 정해 놓고 시간이 지나면 나이가 들어서 하루하루 늙어 간다고 생각하면서 사는 것이 우리의 삶을 늙게 만들고 있는 것 같다는 생각이 들어.

예전에 영국의 BBC에서 「The Young Ones」라는 다큐멘터리를 방영했었어. 늙어서 꼬부랑 노인이 된 왕년의 인기 스타들을 한곳에 모아 놓고 살게 하면서 그 안을 20년 전처럼 꾸며 놓고 그 사람들이 젊었을 때처럼 말하고 행동하게끔 했지. 그 결과 일주일 후에 휠체어를 타고 있었던 팔순의 여배우는 걸어서 나왔고, 지팡이를 짚고 있었던 옛 뉴스 진행자는 지팡이 없이 계단을 올랐고, 거동이 힘들었던 왕년의 남자 연예인은 탭댄스를 출 수 있게 되었지. 그리고 일주일 후에 의사들이 출연진의 몸을 검진해 보니 실제로 젊어진 것으로 나타났대. 이 실험은 엘렌 랭어라는 하버드 교수가 고안한 실험으로 당시 아주 화제가 되었었고, 이와 비슷한 많은 실험이 여러 나라에서 행해졌어.

반대로 20대 대학생들에게 늙은, 은퇴한, 힘없는 등의 단어를 넣어서 글짓기를 해 보라고 하고, 수업이 끝난 후 그 학생들의 걸음걸이를 측정하니 눈에 띄게 느려졌다는 실험도 있어.

이렇게 내가 젊다고 생각하면 몸도 진짜로 젊어지고, 은퇴 후, 늙었을 때의 상상을 하면 몸도 더 늙는다는 것이지. 참 재밌는 실험이지.

나에게 몇 살이냐고 질문하면 "20대? 30대?"라고 대답하는 이유는 내가 젊다고 생각하고 살면 진짜 내 몸도 젊어지고, 내가 늙었다고 생각하면 몸도 내 생각에 맞춰서 늙어질 것 같아서야. 그래서 앞으로도 계속 나는 항상 마음은 20, 30대라고 대답할 예정이야.

시간이 흐를수록 내가 나이를 먹는다는 생각 대신 그냥 지금 현재 내가 존재한다, 어제보다 하루 더 늙은 내가 아닌, 어제와 다른 새 세포를 가진 오늘의 새로운 내가 존재한다고 생각하면 나이와 상관없이 늙지 않는 이 상태 그대로 내가 계속 있을 것 같아.

"이 순간, 이 공간에 내가 존재하는 것이다. 시간이라는 것은 흘러가는 것이 아니고, 약속된 단어일 뿐이다. 어제보다 오늘의 내가 더 건강하고 젊어질 수 있다. 나의 몸은 시간과 상관없이 항상 건강하고, 젊다."라고 오늘의 나는 생각해.

👍 **추천 도서**

마음의 시계(엘렌 랭어)

 # 시간과 차원에 대하여

"시간이 왜 이렇게 빨라? 벌써 방학이 끝나 버렸어."
"시간을 멈출 수는 없을까? 아니면 과거로 돌아갈 수 없을까?"
"타임머신은 개발될까?
이미 타임머신을 타고 미래에서 온 사람들이 있지 않을까?"

시간에 대한 생각을 조금 더 확장해 볼까? 시간여행이 과연 가능할까에 대해서는 많은 이야기가 있어. 그리고 아직은 그런 이야기들이 조금 이해할 수 없고, 어려운 것이 사실이야. 특히 시간여행을 설명할 때 3차원, 4차원 등의 차원에 관한 이야기도 빼놓지 않고 등장하곤 해.

앞에 이어서 이번에는 시간과 차원에 대해서 말해 볼까 해. 차원과 시간과는 밀접한 관계가 있기 때문이야. 참고로 이 주제는 나의 상상이 많이 첨가되었으니 참작해서 읽어.

우리는 지금 3차원에 살고 있지. 1, 2, 3차원이란 뭘까? 아마 너희의 과학 수업 시간에는 배우지 않았을 거라 간단하게 설명해 줄게. 일단 1차원은 축이 하나인 세상(X), 2차원은 축이 2개인 세상(X, Y), 3차원은

세 개인 세상이라고 생각하면 돼. (X, Y, Z)

　1차원은 실을 양쪽에서 잡고 있을 때 그 실 위를 왔다 갔다 하는 점 같은 것들이 1차원 세계의 사람이라고 생각하면 되고, 2차원은 종이를 펴 놓았을 때 그 종이 위를 움직이고 있는 세모, 네모 등의 도형이 2차원의 사람이라고 생각하면 돼. 다시 말해 1차원은 가로 길이만 있는 직선이고, 2차원은 가로와 세로가 있는 판판한 면이지. 그리고 3차원은 우리가 사는 가로, 세로, 높이가 있는 부피의 세계야.

　그럼 2차원의 사람한테 이렇게 설명을 해 보자. "3차원 세상이 있는데 거기에는 높이가 있대. 그래서 가로, 세로뿐 아니라 높이까지 있어서 부피가 있는 입체적인 세상이 3차원 세상이래."라고 설명해도 하늘을 볼 수 없는 평면 세계에 있는 2차원의 사람들은 무슨 말인지 이해를 못 하겠지. "지금 무슨 말 하고 있어? 외계어야?"라고…. 그럼 2차원의 사람들에게 부피가 있는 물체를 설명하기 위해서 3차원의 물체인 사과를 설명한다고 해 보자. 2차원의 사람들은 하늘을 볼 수 없고 면만 볼 수 있으니 사과를 위부터 아래까지 종이 단면에 통과시키면서 보여 주려고 시도를 하겠지. 그러면 2차원의 사람들은 시간에 따라 종이를 지나가는 사과의 단면을 보면서 "아~ 사과는 시간이 지나면서 이렇게 모양이 변하는 거구나."라는 정도 밖에 사과를 인식할 수 없을 거야. 높이나 부피를 전혀 볼 수가 없으니까. 이렇게 2차원의 사람에게 3차원을 설명하려면 시간이 지날수록 변하는 모습의 사과를 설명할 수밖에 없지. 그렇게 시간을 추가해서 설명해도 온전하게 3차원의 사과에 대해서 잘 알지 못할 거야. 입체적인 것이 어떤 것인지 전혀 상상할 수가 없을 테니까. 간혹 아주 상상력 뛰어난 2차원의 사람이 있어서 사과가 이것 같다고 입체적인 사과의 모양을 상상해 설명한다면, 다른 2차원의 사람들은 그 사람이 무슨 말을 하는지 이해할 수 없을 것이고, 미쳤다고 할 수도 있어. 그런 것(3차원의 물체)이 이 세상(2차원의 세상)에 존재한다는 것이 말이 되냐고.

자 그렇다면 우리 같은 3차원의 사람들에게 4차원을 설명하려면 어떻게 해야 할까? 이것 역시 시간이 더해져서 설명할 수밖에 없을 거야. 지금까지 아인슈타인을 비롯한 많은 과학자가 4차원에 대해서 시간과 관련이 있다고 말은 했지만 우리는 잘 알아들을 수도 없고, 상상하기가 힘들었어. 우리는 3차원의 사람들이니까. 하지만 어렴풋이 상상할 수 있는 것은 아까 2차원에서 가로, 세로축에 시간이라는 요소가 더해져서 높이 축을 설명한 것처럼 3차원에서는, 가로축, 세로축, 높이 축에 시간이라는 요소가 더해져서 새로운 제4의 축이 나오는 4차원의 세계가 나올 수 있을 거야. 시간이라는 요소가 합해져서 뭔가 우리가 모르는 상상도 잘되지 않는 제4의 축을 형성한다는 것이지.

그렇다면, 3차원에서 시간이라는 요소가 더해져서 4차원에서는 어떤 축이 될까 하고 한참 고민을 했는데 그게 원인과 결과(인과)가 아닐까 하는 생각이 들었어. 3차원의 사람들은 시간이 지나서 인과가 나타난다고 생각을 해. 그렇지만 사실은 2차원 사람들에게 설명한 3차원의 사과처럼 시간과 관계없이 지금 현재 원인과 결과가 이미 존재하는 거지. 다시 말해서 내가 마음먹은 것이 원인이 되어 그 순간 이미 결과가 함께 존재하고 있는데, 우리는 시간이 흘러 원인 이후 결과로 나누어져서 나타난다고 생각을 하는 게 아닐까. 3차원 안의 사람들이니까.

하지만 이미 많은 과학자와 현인, 성인들이 과거, 현재, 미래가 시간이 지나면서 존재하는 것이 아니라 바로 지금, 이 순간 존재한다는 말을 해 왔어. 3차원에 사는 우리는 이 말을 무슨 말인지 잘 못 알아듣고, 도대체 무슨 소리를 하는 것인가 싶지만 상상력을 발휘해 보면 무슨 의미인지 알 것 같기도 해. 다시 말해서 내가 마음속으로 정말 원하는 것을 생각하고 떠올리는 순간 그것이 현재의 원인이 되고, 미래의 결과가 되어 함께 존재한다는 것이지. (이것이 이 책의 일부에서도 설명한 시크릿의 원리이기도 한 것 같아. 내가 마음먹은 대로 결과가 현실이 되어 나타난다는 원리) 하지만 우리는 3차원의 사람이라서 인과관계나 내가 마음먹은 것이 시간이 지나야 내 눈앞에 나타나는 것처럼 생각되겠지. 이것에 관해서는 2차원 사람들에게 아무리 3차원의 사과를 설명하려 해도 눈으로 직접 보여줄 수가 없는 것처럼 3차원의 사람들에게도 더 이상의 설명은 쉽지 않은 것 같아.

어쨌든 증거도 없고, 확실하게 설명할 수도 없지만 이렇게 시간은 다른 차원을 설명할 때 필요한 요소인 것은 확실해. 그리고 상상력을 더해 우리가 볼 수 없는 4차원에서는 나의 과거, 현재, 미래가 시간이 지나서 나타나는 것이 아니라 사실은 한꺼번에 존재한다는 것을 어렴풋이 알 수는 있을 것 같아. 그렇게 믿고 살면 내 삶도 더 재밌을 것 같아.

오늘 시간과 차원이라는 주제는 과학적이기도, 추상적이기도, 어렵기도 한 주제였지만 우리가 살아가는 내내 계속 생각해 보고 상상하면서 해결해 볼 만한 주제이기도 한 것 같아. 오늘 하루도 시간이 흘러가고 있는지, 원인과 결과가 시간의 순서대로 있는 것인지 또는 과거, 현재, 미래가 동시에 지금 존재하는 것인지, 시간이라는 것은 과연 무엇인지 생각해 보면서…. 너희들이 시간에 대해서 어떤 생각과 상상력으로 어떻게 결론을 내릴지 기대해 볼게.

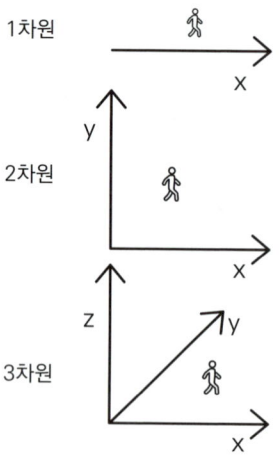
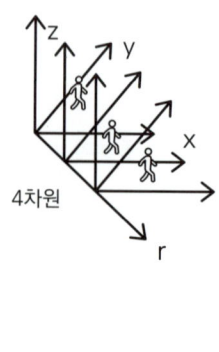

👍 추천 도서

1분 과학(이재범)

지구와 우주에 대하여

"엄마~ 달에 진짜 사람이 간 거 맞아?"
"그렇지. 지금 이미 화성 이주를 목표로 하고 있는데."
"내가 살아 있는 동안 진짜 화성 이주가 가능할까?"

아직 우리는 우리나라도 못 가 본 곳이 대부분이고, 세계도 너무너무 커서 1/100도 가 보지 못하고 있는데, 화성 이주라니…. 하지만 우주에서 보면 이 지구가 얼마나 작은 별일까?

지구와 같은 행성들인 수성, 금성, 화성, 목성, 토성, 천왕성, 해왕성은 태양 주위를 돌고 있는데, 이렇게 태양을 중심으로 태양 주위를 돌고 있는 행성들까지를 태양계라고 부르지. 여기서 태양같이 스스로 빛과 열을 내는 별을 항성이라고 부르고, 태양계가 속해 있는 우리은하계에 태양 같은 항성이 약 2,000억 개가 존재해. 또 우주에는 우리은하 같은 은하계들이 약 1,000억 개에서 2,000억 개가 존재할 거라고 해. 그리고 요즘은 이런 우주가 과연 한 개만 존재할까에 관한 의문들도 많아서 우주가 한 개가 아니라 여러 개라고 생각하는 과학자들도 있는데 그걸 다중

우주 이론이라고 불러.

그럼 이렇게만 해서는 과연 우주가 얼마나 클지 잘 상상이 안 되겠지만 이걸 빛의 속도 거리로 설명하자면, 우리가 현재 맨눈으로 볼 수 있는 별 중에 가장 가까운 별이 '알파 센타우리'인데 약 4.3광년 거리로 (4.3년 동안 빛의 속도로 가야 닿을 수 있는 거리) 지구, 태양 거리의 약 27만 배(43조 km)의 거리야. 또 현재 망원경 없이 볼 수 있는 은하는 안드로메다은하인데 이 은하는 약 250만 광년 떨어진 곳에 있어. 빛의 속도로 250만 년 가야 하는 거리야. (지금 우리 눈으로 보는 안드로메다은하는 이미 250만 년 전에 안드로메다에서 출발한 빛을 보는 거라서 현재는 존재하지 않을 수도 있어.)

이렇게 숫자만 한참 나열해서 이해가 잘 안될지도 모르겠는데. 아주 쉽게 말하자면 결국 넓은 바닷가가 우주라면 우리 지구는 모래 한 알도 안 되는 크기라는 말이지. 그리고 이런 바닷가들이 한 개도 아니고 여러 개일 수도 있다는 것이고. 이렇게 여러 바닷가 중에 모래 한 알 같은 크기의 지구 안에서도 우린 한국의 작은 도시에서 사는 거야.

이 넓은 우주에서 지구라는 아주 작은 곳에 살면서 사람들은 집이 크네, 좁네 하는 거 보면 좀 우습지. 그래서 나는 너희들이 시야를 넓게 보고 항상 우주가 얼마나 넓은지, 이 지구가 얼마나 작은 건지, 내가 얼마나 작은 영역에서 우왕좌왕하며 활동하고 있는지 생각하고 살면 좋겠어. 그래야 작은 일에 아옹다옹하지 않고 우주처럼 마음도 넓어질 수 있을 테니까.

또 하나, 이건 나중에 더 크면 너희들의 생각으로 다시 정리되겠지만 이렇게 넓은 우주와 행성과 항성 중에 생명체가 지구의 인간만 있지는 않을 것이라고 생각해. 다시 말해 우리가 말하는 외계인이 어딘가에 존재할 거고, 그 외계인 중에는 고도로 과학이나 다른 것들이 발달해서 별들 간의 여행이 가능한 존재들도 이미 있을 것이며, 그들이 지구에 올 수도 있고 너무 멀어서 지구까지는 못 오고 다른 별로 갈 수도 있고, 이미 왔다 갔을 수도 있을 것 같아. 지구에서 달, 화성까지 유인 우주선으로 갔거나 갈 계획을 하는 것처럼. 아직 지구의 과학은 기껏해야 태양계 안이지만 지구보다 훨씬 더 오래되고 발전된 별에서는 더 멀리 가는 것도 가능하겠지.

실제로 얼마 전 타계한 유명한 과학자였던 스티븐 호킹 박사는 "수학적인 내 두뇌로 판단할 때 숫자 자체만 놓고 보더라도 외계 생명체가 존재한다고 생각하는 것은 아주 합리적인 것, 정작 어려운 문제는 외계인들이 어떤 생명체들일 것이냐."라고 하면서 외계인은 있을 것이지만 우리에게 호의적이지는 않을 수 있다는 의견을 말하기도 했어.

이런 상황에 이 우주에 생명체는 지구의 인간뿐이라고 오만한 생각을 하는 것은 앞으로 너희가 사는 데 도움이 되지 않을 것 같아. 열린 생각으로 모든 가능성을 열되, 일단 지금 우리는 지구에서 사는 인간이기 때문에 인간에게 도움을 주는 방향으로 생각하고 행동하는 게 마땅한 것 같아.

이렇게 우리 지구가 이 넓은 우주에서 보면 얼마나 작은지, 그 중 지구 안에 한국이라는 작은 나라의 작은 도시에서 사는 우리는 얼마나 제한된 공간에서 제한된 시야를 가지고 살고 있는지 한번 생각해 봐.

지금은 이렇게 티끌만 한 지구에서 그중에서도 한국의 작은 소도시에 살고 있지만, 생각과 마음만큼은 우주만큼 넓은 사람들이 되기를. 그리고 앞으로도 한국과 지구를 넘어 우주를 향해 꿈을 꾸기를 바라.

👍 추천 도서

코스모스(칼 세이건)

지식보관소의 외계행성 이야기(지식보관소)

내 인생에 걸림돌이라고 생각되는 것

"엄마는 타임머신이 있다면 되돌리고 싶은 거 없어?
예를 들어 실패한 적 없어?"

"실패한 적 많지~"

"그럼 그 실패가 없었으면 지금보다 더 잘될 수도 있었겠네?"

"아니~ 그 실패가 있어서 지금의 내가 있을 수 있는 것 같은데~"

내 인생에서 실패한 부분을 되돌려서 성공으로 바꾸면 어떤 삶을 살고 있겠냐는 생각을 가끔 했는데 결론은 그때 만약 내가 성공했었으면 지금 현재의 내 삶은 없었을 거야.

특히 나는 처음 고3 수능 때 가장 자신 있어 했던 수학과 과학 시험을 망쳐서 원하는 대학, 학과에 못 갔지만, 그냥 합격해서 다닌 대학에 가서 즐거운 대학 생활을 시작했어. 동아리 활동도 열심히 하고 친구들도 사귀고. 그러다 반년 만에 휴학하고 다시 재수했었지. 재수할 때는 전보다 시험은 훨씬 잘 봤는데 이상하게 내 길이 아니었던 것인지 또 원하는 대학에 못 가서 다시 원래 대학으로 돌아와서 다시 열심히 학교에 다녔어.

그 후에도 학교에 다니면서 기회가 될 때마다 다시 수능에 도전했고 어느 해 점수가 괜찮게 나와서 두 번째 입학을 했는데 사실 두 번째 대학도 점수가 조금 모자라서 내가 정말 원했던 과는 아니었지만 결국 즐겁게 다니다가 졸업했지. 졸업 후 대학원 과정 중에 로스쿨 제도가 도입되었고, 마침 내가 다니던 학교에 로스쿨이 생기면서 큰 기대 없이 공부해서 시험을 봤는데 1회 입학생으로 장학금을 받고 들어갈 수 있었고 변호사가 될 수 있었던 거야. 만약 내가 여러 번 수능을 봤을 때 원하는 점수가 나와서 원하는 과에 딱 합격했었다면 다시 로스쿨 시험을 보지는 않았겠지. 지금 생각해 보면 그렇게 여러 번 도전에 실패했기 때문에 현재 변호사라는 내가 있게 된 것 같아. 나는 지금 변호사라는 직업이 학창 시절에 원했던 직업(한의사)보다 더 적성에 맞고 좋은 것 같아. 실패도 다 이유가 있었던 거지. 그 실패가 지금의 나의 길로 안내하는 발판이었으니까.

"걸림돌이 실은 디딤돌이다."(메리 오말리)라는 말이 있어. 지금 내가 걸림돌이고 실패라고 생각하는 것들이 나중에 나의 인생을 돌이켜 봤을 때 디딤돌이었다는 걸 깨닫게 된다는 거야. 대신 걸림돌을 디딤돌로 만들기 위해서는 그 걸림돌에 걸려 넘어져 있거나 실패에 빠져 있거나 후회하거나 집착하지 말고, 그 길이 나의 길이 아니었나 보다 하고 툭툭 털어 버려야 다시 나의 길로 나아갈 수 있는 것 같아. 자꾸 뒤돌아보기만 하면 앞으로 가지 못하고 계속 다른 걸림돌에 넘어질 수도 있으니까.

그리고 그 길이 나의 길이었음에도 실패하는 경우도 있어. 그래도 그 실패의 시간이 다 시간 낭비만은 아닌 것 같아. 예를 들어 변호사 시험도 몇 번 실패하고 몇 년 만에 합격하는 사람들도 있는데, 그 몇 년의 시간 동안 공부하면서 나의 실력도 더 늘고, 스스로 겸손해지고, 내 내면도 성장하는 시간이 될 수 있을 거야. 결과적으로는 바로 합격했을 때보다 오히려 인고의 경험과 시간이 쌓여 훨씬 더 실력 좋은 변호사가 될 수도 있으니까.

그리고 실패를 많이 하면 할수록 경험이 쌓여서 더 좋은 결과를 얻는 것 같아. 특히 위대한 과학자들 같은 경우는 실패를 수백 번, 수천 번 하고 얻은 한 번의 성공으로 위대한 발견, 발명한 사례가 많지. 위대한 과학적 발명 중에 단 한 번 도전에 성공한 사례는 거의 없을 거야. 그래서 과학계에서는 "실패는 성공의 어머니", "모든 실패는 실패가 아니라 경험 하나가 더 쌓이는 것이다."라는 말들이 진리로 여겨지지.

미래에는 평균 수명이 100살 이상이 될 거야. 그러면 일할 수 있는 나이도 지금보다 훨씬 길어질 거고. 그러니 실패로 인해서 몇 년 더 늦어지거나 돌아가는 것은 너희의 인생에 아무 걸림돌이 되지 못해. 나도 돌고 돌아 늦은 나이에 변호사가 되었고, 변호사는 몇 년 먼저 시작한다고 더 유명해지고 돈을 더 많이 버는 것도 아니거든. 그러니까 실패나 걸림돌이 될 만한 것을 두려워하지 마. "실패여 얼마든지 와라. 내가 다 경험해 줄게." 하고 받아들이면 돼.

앞으로 너희들도 살아가면서 실패도 많이 할거고, 걸림돌들도 많이 나타날 수 있어. 그럴 때마다 "이건 실패가 아니라 경험이다." "이건 걸림돌이 아니라 디딤돌이다."라고 생각하고 현명하게 헤쳐 나가길 바라.

👍 추천 도서

될 일은 된다(마이클 A. 싱어)

# 가슴 뛰는 일을 찾기

"엄마 난 어떤 전공을 선택해야 할까? 뭘 하고 살아야 할까?"
"글쎄 네가 하고 싶은 거 좋아하는 걸 해야지~"
"그럼 그냥 아무것도 안 하고 노는 게 좋은데…"
"일 없이 계속 놀기만 하는 것도 지루할 텐데…"

요즘 중학생이 되더니 부쩍 진로에 대해서 고민이 많은 딸. 앞쪽에서 인생의 목적과 직업에 대해서 한번 이야기했지만 이번에는 직업 선택 이전에 가슴 뛰는 일을 찾는 이야기야.

인기있는 직업, 돈을 잘 버는 직업, 편한 직업 등등 무슨 직업을 가져야 할지에 앞서 어떻게 사는 것이 좋을까를 먼저 고민해야 하고, 그 고민에 앞서 나는 무엇을 할 때 행복한가를 가장 먼저 생각해야 할 것 같아.

가장 행복한 것을 하면서 돈도 벌 수 있다면 그만큼 완벽한 것도 없을 거야. 내가 노래를 좋아하는데 노래를 하면서 돈을 벌 수 있다면, 그림 그리는 것을 좋아하는데 그림을 그리면서 돈을 벌 수 있다면, 글을 쓰는 것을 좋아하는데, 글을 쓰면서 돈을 벌 수 있다면 정말 좋겠지.

옛날에는 "그건 돈 안 된다. 취미로 해라."라고 하는 부모님들이 많았지만, 요즘은 세상이 달라져서 오히려 노래하고 그림 그리고 글 쓰고 심지어는 게임을 하는 사람들도 돈을 많이 벌 수 있는 세상이 되었어. 특히 게임을 좋아해서 게이머가 되거나 게임 개발을 해서 성공한 사람들도 많고, 여행을 좋아해서 여행하는 유튜브 찍다가 성공한 사람들, 만화를 좋아해서 만화를 그리다가 웹툰 작가가 돼서 성공한 사람들 등등 셀 수 없이 많은 사람이 다양한 직업군에서 자기가 좋아하는 일을 하면서도 돈을 벌 수가 있게 되었지.

그래서 일단은 직업을 무엇을 가질지, 어떤 삶을 살지, 어떤 학과를 가야 할지를 생각하기 전에 내가 무엇을 할 때 가장 행복한지, 어떤 일을 평생 해도 지루하지 않고 재미있게 할 수 있을지를 한번 생각해 봐.

아직 학생 시절에는 경험할 기회가 제한되어 있어서 많은 것을 경험해 보지 못했을 거고, 무엇을 해야 내가 행복할지, 어떤 직업을 가지는 것이 좋을지 폭넓게 생각하지는 못할 거야. 요즘은 중학교 때 자유학기제라는 것도 있지만 솔직히 중학교 때 직업이나 진로에 대해서 경험할 수 있는 것은 너무 제한적이고 일시적인 것 같아.

실제로 유럽 아일랜드에서는 중학교 과정까지 마치고 고등학교 가기 전 1년간을 자유학기제로 각종 직업체험, 야외현장학습, 사회 봉사활동 등을 하면서 시험과 무관한 시간을 가질 수 있다고 해, 덴마크에서도 고등학교 진학 전에 애프터스쿨이라고 예체능이나 목공, 건축 등을 전문적으로 할 수 있는 자유 학교에 가서 1년 동안 체험을 할 수 있고, 영국은 갭이어(Gap year)라고 대학교 들어가기 전 진로 개발을 위해서 3개월에서 2년 동안 쉬면서 진로를 탐색할 수 있는 제도도 있지. 우리나라는 아일랜드를 모델로 해서 자유학기제를 도입한 것이라지만 우리나라처럼 초등학교를 바로 졸업한 중1 때 하는 것은 진로 개발에는 큰 의미가 없는 것 같고, 일반 학교 수업은 다 진행하면서 시험만 안 보는 거라 현실적으로 진로를 집중적으로 탐색할 수 있는 시간은 거의 없는 것 같아.

그래서 어쩔 수 없이 우리나라에서는 스스로 알아서 틈틈이 기회가 있을 때마다 많이 경험해 보고, 내가 무엇을 할 때 가장 행복한지를 찾아야 할 것 같아. 사실 놀고먹을 때 가장 행복할 것 같겠지만 매일 놀고먹기만 한다면 몸은 편안할 수 있어도 인생이 지루하고 심심하고 삶의 의미와 보람을 찾을 수 없어 행복하지 않을 거야.

내가 언제 진짜 행복한지 알기 위해서는 내가 어떤 것을 하고 있을 때 너무 즐겁고 신나서 내 가슴이 두근두근한지 잘 관찰해야 해. 만약 여행을 갈 때 너무 신나고 두근두근하면 여행가나 여행작가, 여행사진작가 등을 하면 되고, 내가 노래를 부르고 춤을 출 때 내 가슴이 두근두근하면 가수나 댄서가 되면 되고, 맛있고 창의적인 음식을 만들 때 가슴이 두근두근하면 요리사가 될 수도 있을 거야. 그리고 아프거나 어려운 사람을 도와주고 그 사람이 더 나아지는 모습을 볼 때 가슴이 뛰면 의사나 복지사업가가 되면 좋을 것이고, 앞에 나가서 발표하거나 누구에게 무엇을 가르쳐 줄 때 가슴이 뛴다면 선생님이나 교수가 되면 좋겠지.

이렇게 내 가슴을 뛰게 만드는 일을 찾는다면 그게 바로 너희가 행복해하면서 할 수 있는 일인 것 같아. 물론 이렇게 가슴 뛰는 일을 찾아서 한다고 하더라도 시간이 지나 더는 그 일이 너희의 가슴을 뛰게 하지 않을 수도 있어. 사람 마음은 변할 수 있는 거니까. 만약 마음이 변한다면 억지로 계속하지 말고 또다시 가슴 뛰는 일을 찾아서 하면 될 거야. 20

대, 30대에 처음 일을 시작했다고 해서 그 똑같은 일을 평생 반복해서 한다는 건 쉽지 않겠지. 그러니 나중에 너희들이 어떤 일을 하든지 순간순간 난 지금 가슴 뛰는 일을 하고 있나 스스로 반문해 보고 이왕이면 가슴 뛰는 일을 찾아서 행복하게 하면서 돈도 벌 수 있으면 정말 좋을 것 같아.

오늘부터 나는 어떤 일에 가슴이 뛸까 어떤 일을 할 때 행복하게 할 수 있을까 생각하면서 내가 하고 싶은 일을 잘 찾아 보자~ 오늘도 두근두근 가슴을 뛰는 일을 찾아서 파이팅~!!!

👍 추천 도서

가슴 뛰는 일을 찾아라(다릴 앙카)

 # 건강을 유지하는 법

"엄마~ ○○가 어디가 아프셔??"
"응. 이제 수술받았으니 괜찮을 거야~"
"만약 엄마가 갑자기 아프면 어떻게 해?"
"엄마는 안 아플 거야~ 걱정하지 마."

최근에 우리 주변 사람들이 아프다고 하니 딸들이 건강에 대해서 질문이 많아졌지. 누구는 건강이 어디가 안 좋다는 건지, 왜 수술을 받는지 등등 갑자기 병과 건강에 대해 질문이 많아졌어.

사실 의사인 아빠도 이렇게 이야기하지. 사람의 병은 의사나 약이 치료하는 것보다 마음이 치료하는 것이 더 많다고. 의사가 환자들한테 "금방 나을 거예요, 별거 아니에요. 걱정하지 마세요." 하면 대부분 환자는 의사가 한 그 말을 믿고 낫는다고. 물론 치료와 약도 도움이 되겠지만, 환자한테 그냥 아무런 성분도 효과도 없는 가짜 약을 주면서 이걸 먹으면 나을 거라고 하면 낫는 현상이 있는데 이걸 플라세보 효과라고 해. 나을 거라는 믿음이 병의 치료에 아주 중요하다는 것을 보여 주는 한 가지 예야.

3장 삶과 나

교통사고로 다쳐서 물리적으로 뼈가 부러진 경우들은 제외겠지만, 원인을 정확하게 알 수 없는 암이나 스트레스로 오는 각종 신경 질환들은 내 마음이 원인이 돼서 아픈 경우가 많은 것 같아. 그리고 우리 신체는 스스로 치유 능력(다른 말로 면역이라고 해)을 갖추고 있어서 병이 생기면 몸이 스스로 치료하는 것이고, 약이나 물리 화학적 치료는 자가 치유에 도움을 줄 뿐이지. 이렇게 기본적으로 모든 병을 치료하는 작용은 내 몸 안에서 일어나는 것이기에 내가 생각하는 대로 치료가 가능하다고 믿어.

내가 지금은 변호사지만 그전에는 한약학을 전공했었어. 그 때 배운 바에 따르면 한의학 원리로는 우리 몸의 균형이 깨지거나, 흐름이 막히거나, 음양의 조화가 깨지거나, 밖으로부터 병마가 침입하는 걸 막지 못하게 되면 병이 생긴다고 했지. 그걸 치료하는 방법으로 몸 안의 기, 혈 등의 흐름을 원활하게 해 주거나, 몸의 균형과 조화를 맞춰 주거나 음식이나 약의 도움을 받아서 면역을 회복하거나 병마를 쫓아내게 되면 치유가 된다고 했어. 다시 말해 내 몸 안에 이미 스스로 병을 막는 힘, 스스로 치유하는 힘이 있고, 외부적인 치료나 약은 그 힘이 극대화되게 도움을 주는 것이지.

그래서 건강도 내가 맘먹기에 달려 있다고 생각해. 내 몸은 건강하다는 긍정적인 생각을 하고, 스트레스 안 받고 기분 좋은 생각을 유지하고 있으면 몸에 문제가 생겨도 스스로 치료할 수 있게 되는 거야. 내 몸 안의 세포들은 신체 부위에 따라 최소 몇 시간에서 최장 몇 년의 주기로 생성되었다가 소멸하는 과정을 반복해. 예를 들어 장 상피 세포 3~5일, 적혈구는 120일, 호중구(백혈구의 일종)는 평균 0.9일, 피부세포는 약 4주, 간세포 12~18개월, 머리카락 모낭세포 2~10년, 골격세포는 약 10년 등.

이렇게 매일매일 내 몸에 새로운 세포들이 소멸하고 또다시 생성되고 있어. 내 마음이나 감정에 따라서 하루에도 아주 많은 수의 건강하지 못한 세포들이 소멸하고, 건강한 새 세포들이 생성될 수 있다는 이야기야.

나는 스스로 아주 건강하다고 생각하며 살기 때문에 건강한 것 같고, 해마다 독감 예방 주사도 잘 안 맞는데도 감기 한번 걸리지 않고 살 수 있는 것 같아. 그리고 몸의 어느 부위가 아프다고 느낌이 오면 그 부위를 주시하면서 "맑은 치유의 에너지가 나에게 들어와서 나의 아픈 부위를 치료해 준다." 또는 "나의 면역 세포들이 스스로 아픈 부위로 가서 치료한다."라는 상상을 하기도 해. 누군가가 아플 때도 마음속으로 그 사람에게 치유의 에너지가 들어가서 몸을 치유한다고 상상을 하지. 그리고 그렇게 한 후에, 열이 나거나 어떤 부위가 아프거나 피부가 안 좋거나 했던 증상 등이 빠르게 나아지는 것도 실제로 여러 번 경험했었지.

여러 책이나 경험담들에서 암에 걸렸거나, 척추가 다쳐서 반신불수가 되었는데도 마음속으로 스스로 치유가 된다고 상상하고, 긍정적이고, 기분 좋은 감정을 유지하니 치료가 되었다는 예도 많지. 왜 이런 결과가 나오는지는 지금은 그 작용 과정을 다 알 수는 없지만, 기분이 좋거나 행복할 때 나오는 호르몬이나 분비 물질 등이 면역체계에 영향을 미치는 것이 아닌가 추측되기는 해. 모든 것은 내가 믿는 대로 되기 때문에 내가 건강해진다고 믿으면 그렇게 된다고까지만 알고 있어도 좋을 것 같고 구체적인 작용은 미래에 너희가 알아내도 되겠지.

그래서 너희들이 앞으로도 어떤 병이 있거나 잠시 아프거나 몸이 안 좋다고 느낄 때 이런 원리들을 알고 내 몸 안에 스스로 치유하는 힘이 있다고 믿고 활용하길 바라. 물론 심각한 병이거나 치료법이 이미 알려진 병이라면 의학의 도움을 받는 게 빠른 치유에 좋겠지만 의학의 힘은 외부의 힘이니 그것에만 100% 의존하지 말고, 나의 내부의 힘과 외부의 도움을 같이 활용해서 건강을 유지할 수 있으면 좋겠어.

그리고 자기 전이나 시간이 나는 대로 틈틈이 나의 몸을 안 좋게 하는 부정적인 에너지가 나가고, 맑고 좋은 에너지가 내 몸에 채워진다는 상상을 하는 것도 나의 건강에 도움이 되는 것 같아. 모든 것이 믿는 대로라면 이럴 때 나의 상상력을 맘껏 발휘해 보는 거지.

이게 내가 신체적으로 건강을 유지하는 노하우야. 오늘도 좋은 기운의 에너지가 나를 가득 채우고 새로운 건강한 세포들이 계속 탄생하고 있으며 나의 몸은 아주 건강하다고 상상하며 살자.

👍 추천 도서

면역이 암을 이긴다(이시형)

독서를 해야 하는 이유

"내가 아는 사람 중에 엄마가 책을 가장 많이 읽는 것 같아.
엄마는 책이 재밌어?"

"응. 책이 재밌지."

"난 해리포터 같은 소설책은 재밌는데.
엄마는 저런 책(비소설)이 뭐가 재밌어?"

"몰랐던 새로운 걸 알게 되기도 하고
내 삶에 실제로 도움이 되기도 하고 진짜 재밌는데."

   내가 항상 너희들에게 책을 읽으라고 하고, 나도 책을 읽는 걸 좋아해서 집에서 틈만 나면 책을 읽고 있지. 내가 독서가 정말 재밌어서 읽는 걸까 아니면 책을 읽는 다른 이유가 있는 걸까? 궁금해했지. 정말 재밌고 필요해서 읽는다는 게 나의 답이야.
   물론 나도 초등학생 때부터 책이 너무 재밌어서 읽은 건 아닌 것 같아. 그때는 낮에 텔레비전이 나오지 않고, 핸드폰도 없던 시절이라 그냥 심심하면 책을 읽었던 것 같아. 그래서 지금처럼 책이 너무 재미있어서 읽었다기보다 할 게 없어서 책을 읽기 시작했었지. 그리고 초등학교, 중학교 때는 학교에서 보름 또는 한 달에 한 권씩 책을 정해 줘서 반 학생들끼리 독서 토론을 하게 했었어. 그런 프로그램을 통해서 수준 높지만, 그때는 무슨 내용인지도 모르는 어려운 세계 문학도 많이 읽었던 기억이나. 그 후로는 다시 그 책들을 읽어 본 적이 없으니 억지로 읽었더라도 그때 읽었던 책들이 내가 읽은 세계 문학의 전부인 듯해.

그런데 지금은 텔레비전이 종일 나오고, 핸드폰, 인터넷이 우리 생활과 밀접해져서 너희들이 책을 접하기가 더 어려운 시대가 되었어. 영상으로 다 해결이 되니 굳이 글로 읽을 필요도 없고, 동영상에서 책을 직접 요약해서 읽어 주기도 하고, 줄거리는 인터넷 찾아보면 다 나오지. 그래서 사람들이 시간과 노력을 들여서 더욱 책을 안 읽게 된 것 같아.

나도 고등학교 때는 입시 준비하느라 그리고 대학생이 된 이후에는 대학 생활, 동아리 생활, 시험공부, 취업 준비 등에 신경 쓸 것들이 너무 많아서 그 시기는 책을 거의 안 읽었던 것 같아. 결혼하고 일하고 아이 낳아 키우고 하면서는 시간도 없고 마음의 여유도 없어서 책을 못 읽었지. 그러다가 언젠가 조금 여유 있을 때 책 한 권을 읽기 시작하면서, 특히 당시 인문학 강의나 독서가 유행이어서 그런 강의를 듣고 책을 접하니 갑자기 다시 책을 좀 읽어야겠다는 마음이 들더라고. 이렇게 독서를 다시 시작하였고, 시간에 쫓기고 이해가 잘 되지 않았던 예전과 달리 독서가 너무 재밌었고, 책에 푹 빠지게 되었지.

특히 인생을 좀 살아 보고, 여러 가지 경험한 중년의 나이가 되어 보니 책들의 내용이 더 잘 이해가 되고, 내 앞날이나 시험 등에 관한 걱정들도 없으니 온전히 독서에 집중할 수 있었던 것 같아. 그렇게 책에 재미를 붙여서 읽다가 책 속에서 다른 책에 관한 언급이 있으면 그것도 읽고 싶고, 어떤 책이 너무 맘에 들면 그 저자가 쓴 다른 책도 다 읽어 보고 싶고 하다 보니 꼬리에 꼬리를 물고 계속해서 다음 책을 읽게 되었어.

책을 읽다 보니 이 세상엔 진짜 대단한 사람들도 많고, 대단한 경험들도 많고, 대단한 생각들도 많다는 것을 느끼게 되었고, 그 책 한 권 속에 그 작가 인생의 모든 경험과 모든 생각이 담겨 있다는 것을 알게 되었지. 난 몸이 한 개라 시간이 한정되어 있어서 지금 내가 선택한 이 하나의 삶밖에 살지 못하지만, 책 한 권을 읽을 때마다 다른 사람이 되어 다른 삶을 살 수 있는 것 같아서 여러 가지 인생 체험을 단 몇 시간 만에 할 수 있게 된 느낌이라고나 할까. 책을 읽으면 내가 지금까지 살아가는 동안 몰랐던 지식과 못 해봤던 경험들이 다 내 것으로 습득이 되니 적은 돈으로 그런 귀한 것을 얻을 수 있다는 것이 너무 소중하다는 생각이 들었어. 그래서 나는 책을 읽을 때 다른 이의 삶과 경험을 간접 체험한다는 마음으로 읽어.

나도 학생 때는 스토리가 있는 문학 장르를 많이 읽었지만, 지금은 비문학인 자기계발서나 인문학, 명상, 영성 관련 책 또는 사회의 동향이나 심리학, 경제, 시사에 관련한 책들을 문학보다 더 많이 읽는 것 같아. 그런 책들을 읽으면 직접 바로 삶에 적용할 수 있어서 내 삶을 변화시키는 데 도움이 되더라고. 경제적으로나 사회적으로 그리고 인간관계 등 여러 가지 방면에서 내 삶을 더 나아지게 하는 데 활용할 수 있는 아주 많은 방법이 책에 있고, 그중 내가 마음에 드는 방법을 선택해서 바로 활용을 해 볼 수 있어서 좋아. 하지만 책만 읽고 바로 해 보지 않으면 시간이 지나면 책 내용도 방법도 다 잊어버리는 경우가 많아. 그래서 책을 읽고 읽은 내용을 요약해서 적어 놓든가, 꼭 기억하고 싶은 부분을 사진으로 찍어 두고, 가능하면 바로 적용을 해서 실생활에 활용해 보면 잘 잊히지 않는 것 같아.

이런 책들로 인해서 내 삶이 많이 변화되었고, 점점 더 행복하고 더 발전되는 삶을 살 수 있게 되었다고 생각해. 좋은 책 한 권 읽을 때마다 삶이 0.1%라도 변화가 될 수 있다면 100권만 읽어도 10%가 변화되고, 500권만 읽으면 50%가 변할 수 있는 건데 책 몇 시간 읽어서 이렇게 더 좋은 삶을 살 수 있다면 지금 당장이라도 읽어야 하겠지?

사실 내가 대단하다고 생각하는 테슬라 CEO 일론 머스크도 우주선, 전기 자동차, 태양 에너지, 인공지능 등 너무 다양한 분야를 섭렵하며 회사 몇 개를 꾸려 나가는 천재 같지만 어떤 분야에 대해서 궁금하거나 새로 도전할 때 그 분야에 관한 전공책들을 잔뜩 쌓아 놓고 읽는 것부터 시작한단다. 로켓이나 우주에 관해 아무것도 모를 때 그런 전공 서적들을 몇 권씩을 읽고 나서 그 분야 사람보다 더 잘 알게 되었고, 태양전지에 관한 것도 하나도 몰랐는데, 그 분야의 책들을 읽고 지금은 그 분야의 최고 사업가가 되었지. 이렇게 일론 머스크뿐 아니라 많은 유명한 성공한 사람들의 공통점은 책에 몇 년 동안 푹 빠져 있었던 시간이 있었다는 거야. 그리고 성공한 후에도 책을 엄청나게 좋아하고 항상 가까이하고 있고.

물론 꼭 인생을 변화시키려거나 정보를 얻기 위해서 읽는 책 말고도, 그냥 내용 자체가 재밌어서 읽는 만화책이나 소설책 등도 있어. 지금 너희들이 주로 읽는 책들이 그런 책들이지. 그 책들을 읽으며 웃고, 울고, 흥분되고, 감동적일 수 있다면 그것도 참 좋다고 생각해. 예를 들어 빨간 머리 앤을 읽었을 때 참 재미있고, 감동적이기도 하고, 다음 권이 빨리 읽고 싶은 마음이 들었지? 그렇게 내 감정을 말랑말랑하게 풍부하게 만들어 주는 책들도 좋은 것 같아. 나도 어렸을 때 『캔디』 같은 만화책을 읽으면서 상상력이 더 풍부해졌고, 러브 스토리가 나오는 소설책을 읽으면서 설레기도 하고 며칠 두근두근하기도 했으니까. 그런 것도 역시 책으로 간접 경험을 하는 것이라 아무것도 경험하지 못한 것보다 낫다고 생각해.

그런데도 읽고 나면 기분 나쁜 내용의 책이나 내 삶을 오히려 안 좋게 만드는 책이라면 굳이 소중한 시간을 투자하면서 읽을 가치는 없을 거야. 그런 책은 시간이 아까운 책들이지. 그래서 좋은 책을 고르는 능력도 중요한 것 같아. 처음엔 많은 사람이 선호하는 스테디셀러, 베스트셀러나 오랜 세월 사랑을 받은 고전 등을 먼저 읽다 보면 점점 책을 고르는 눈도 발전할 거야.

왠지 지금 당장 책을 읽고 싶지 않니? 지금, 이 글도 책으로 나온다면 비문학 장르 자기계발서에 해당하겠지. 이 책도 나의 인생의 많은 노하우가 담겨 있기에 너희들의 삶에 조금이라도 도움이 되길 바라는 마음에서 쓰는 거야. 대신 꼭 적용하고 실천을 해 봐야겠지. 자~ 그럼 오늘 바로 책 한 권 골라서 읽어 볼까? 그 책은 어떤 재미가 있을지, 또는 나에게 어떤 유익한 정보를 줄지 기대하면서 두근두근 독서에 빠져 볼까?

👍 추천 도서

사피엔스(유발 하라리)
생각하는 인문학(이지성)
채사장의 지대넓얕 시리즈(채사장)
내가 좋아하는 작가인 채사장, 베르나르 베르베르, 파울로 코엘료의 책들

# 인생은 허상일까

"엄마 지금 이거 현실이지? 나도 엄마도 진짜지? 이거 꿈 아니지?"
"당연하지~ 왜?"
"갑자기 내가 사는 이 세상이 모두 꿈같다는 생각이 들어서. 내가 지금 생활하고 말하는 게 사실은 다 꿈속에서 말하고 꿈을 꾸고 있는 게 아닌가 하는 생각…"
"아~ 그래? 참 재밌는 생각이네. 장자도 비슷한 말을 했는데…"

딸이 양치하다가 갑자기 저런 말을 해서 나도 몇 마디 더 이야기를 못 하고 넘어갔는데 깜짝 놀랐어. 벌써 저런 생각도 하고 많이 컸구나 싶었지. 딸 말을 들으면서 예전 중국의 사상가 장자가 떠올랐지. 어느 날 장자가 꿈에서 깨서 이런 말을 했다고 해. "지난밤 꿈에서 내가 나비가 되어 있었는데 너무 기분이 좋아서 내가 나인지 몰랐다. 그러다가 꿈을 깨니 내가 사람이 되어 있더라. 그렇다면 지금의 나는 진정한 나인가 아니면 나비가 꿈에서 사람이 된 것인가? 내가 나비가 되는 꿈을 꾼 것인가? 나비가 내가 되는 꿈을 꾸고 있는 것인가?" 이 이야기는 '장자의 호접몽'이라고 해서 잘 알려져 있는데 딸이 장자와 비슷한 생각을 했다는 게 대견하네.

그래서 이번에는 한번 우리의 인생, 인간의 삶에 관해서 이야기해 볼까 하는 생각이 들었어. 주제가 광범위한데 이런 이야기도 한번 하면 좋을 것 같으니까.

인생을 이야기하기 위해서는 이 삶이란 무엇이고, 우리의 인생은 어떻게 시작해서 어떻게 끝나고, 끝난 이후에는 또 무엇이 있고 등등 많은 이야기를 할 수 있겠지. 하지만 그건 정답이 있는 것도 아니고, 간단히 정리해서 말할 수 있는 것은 아닌 것 같고, 차츰 인생을 살면서 딸들이 알아 가야 할 거야. 끝내 모를 수도 있고. 그래서 이번 이야기는 범위를 좁혀서 호접몽, 곧 인생이 꿈이고, 연극일 수 있다는 나의 한 생각에 대해서만 이야기해 보려고. 이 주제도 나의 상상력이 많이 들어가 있으니 참고해서 읽어.

나중에 기회가 되면 너희들이 보면 좋을 것 같은 「매트릭스」라는 유명한 옛날 영화가 있어. 나는 그걸 보면서 이 영화가 진짜 실제인가 생각한 적이 있었어. 그 내용은 주인공인 네오가 자기가 살아가는 이 세상이 모두 프로그램된 가상현실이라는 것을 알게 되었고, 이 가상현실을 끝내기 위해서 가상현실을 만든 프로그래머를 찾아가는 과정을 그린 영화였는데 너무 공감돼서 정말 이 세상이 모두 프로그램된 가상의 현실이라는 생각이 들었었지. 네오는 약을 먹고 그것을 깨달았지만 우리는 그런 약이 없으니 그냥 깊은 곳에서 문득 떠오르는 생각으로 그걸 깨달을 수 있지 않을까 싶었지. 일론 머스크도 "이 세상은 가상현실이다."라는 말을 하기도 했어.

나는 이 세상은 연극 무대이고, 사람들은 각각 이 세상이라는 무대에서 자기의 맡은 역할을 하는 배우들이 아닌가 하는 생각을 해. 그래서 악역을 맡은 사람도 있고, 선한 역을 맡은 사람도 있고, 주인공 역할을 맡은 사람도 있고, 조연을 맡은 사람도 있는데, 그 누구 하나라도 자기 역할을 못 하면 연극이 돌아가지 않으니 지금 각자 맡은 역할을 충실히 수행하는 중이라는 생각이 들기도 했어.

많은 종교나 사상, 철학책, 문학책 등에서 예를 들면 불교, 원불교, 도교, 힌두교, 칼 융, 소크라테스, 쇼펜하우어, 헤겔, 톨스토이, 노자, 장자 등이 이와 비슷한 생각과 철학으로 이 세상은 환상이다, 우리의 삶은 이생이 끝이 아니다 등의 내용을 말하고 있는 것 같아. 다시 말해서 우리의 인생은 아주 긴 끝이 없는 시간 중에 점 하나에 불과한 시간이고, 이 세상도 영구적으로 사용하는 공간이 아니라 이번 생에서 잠시 빌려 쓰는 공간일 뿐이라는 거야. 그리고 이 환상이 나타났다 사라졌다 하는 게 인생이고.

그렇게 생각한다면 이 점 하나에 불과한 우리의 인생에 너무 많은 의미를 부여하면서 어렵고 힘들게 사는 대신 인생이 연극이라 생각하고 연극 무대처럼 즐기면서 살면 되는 것 같아. 그리고 이 세상도 영원한 것이 아니기 때문에 너무 심각하게 생각하지 말고 가볍게 소풍 온 것처럼 즐기다 가면 될 것 같아. 그리고 사실 나도 그렇게 생각하기 때문에 나의 인생을 소풍 온 것처럼 재밌게 가볍게 즐기려고 하면서 살고 있고, 그렇기에 이만큼 행복하게 살 수 있는 것 같아.

또 내 주변 사람들도 모두 자기 역할을 열심히 하는 것으로 생각하면, 악역을 맡은 친구나 나보다 잘나거나 못난 친구를 봐도 싫어하거나 거부감을 느끼지 않고 살 수 있는 것 같아. 오히려 저런 역할을 맡아서 저렇게 사는 것에 대해서 안타깝다는 생각이 들 수도 있고, 그 사람이 그런 역할을 맡아야 할 이유가 있겠지 하고 생각하면 가볍게 넘길 수도 있어. 그렇게 생각하면서 사니까 내 인생과 주변 사람의 인생이 다 이해되고 맘이 편해지더라고.

그래서 너희들도 이번 생에서 살아가는 동안에 "이 인생이 나의 전부다."라는 생각을 하면서 이 악물고 힘들게 살기보다는 "이건 꿈속이다. 이건 연극 무대다."라는 생각으로, 꿈을 꾸듯이, 연극 무대 위에서 연극 공연하듯이, 프로그램된 오락 속의 가상현실을 체험하듯이 생각하고 재미있게 살아가면 좋겠어. 그렇다고 모든 걸 의미 없이, 의욕 없이 살라는 것이 아니야. 꿈속이든, 연극 공연이든, 오락 속이든 이왕이면 내가 멋진 주인공이라면, 이왕이면 게임에서 승리한다면 훨씬 더 재밌고 즐거울 테니 주인공처럼 열심히 즐겁고 행복하게 도전하며 최선을 다해서 체험하면 좋을 것 같아.

그리고 이 꿈을 깨면, 이 공연이 끝나면, 이 게임이 끝나면 또 다른 꿈을 꿀 수도, 다른 공연을 할 수도, 또 다른 게임 레벨에 도전할 수도 또는 더 넓은 진짜 세상으로 나갈 수도 있다는 것을 생각하면서…. 그렇게 생각하고 인생을 산다면 참 즐겁고 행복하게 살 수 있지 않을까? 자~ 그럼 오늘은 어떤 꿈을 꾸고, 어떤 연극을 하고, 어떤 게임을 할지 두근두근하면서 우리의 인생을 한번 즐겨 볼까? Let's go~!

👍 추천 도서

도덕경(노자)
내가 틀릴 수도 있습니다(비욘 나티코 린데블라드)
티벳 사자의 서(파드마 삼바바)

👍 추천 영화

매트릭스

사람은 왜 살까

"엄마 우리는 왜 살아? 사람은 왜 사는 거야?"
"글쎄 사람마다 그 이유가 다 다르지 않을까?
행복하려고 살거나, 어떤 목표를 이루기 위해 살거나…"
"그럼 나는 왜 사는 걸까?"
"어렵네~ 그건 네가 살면서 한번 찾아 봐~ 네가 왜 사는지…"

나는 중학교 정도부터 이런 생각을 했던 것 같은데, 아직 초등학생인 딸이 이런 질문을 해서 조금 당황하기도 했지만 기특했어. 이 고민은 모든 사람이 다 해 보는 고민일 거야.

내 생각에는 사람이 왜 사는가에 대한 정답은 없는 것 같아. 나도 아무리 고민해도 잘 모르겠어. 하지만 한 가지 확실한 건 사는 동안 행복을 느끼고 재미를 느끼고 사랑을 느끼는 감정들이 존재한다는 것이고 많은 사람이 그런 긍정적인 감정을 더 많이 느끼기 위해서 치열하게 돈을 벌고, 열심히 살고, 사랑하고, 남을 도와주기도 하면서 사는 것 같아.

그 감정들은 시간이 지나면 어차피 사라지는 것들인데 그게 뭐가 중요하냐고 반문할 수도 있어. 그래도 그걸 느끼는 그 순간은 행복하고 즐거운 건 사실이야. 예를 들어 놀이동산에 가서 느끼는 흥분과 재미는 놀이동산을 나오는 순간 없어지지만, 나중에 시간이 지나면 그 감정을 다시 느끼고 싶어서 또 놀이동산을 가지. 음식의 경우도 입안에 머무는 짧은 몇 초의 시간을 위해 비싸고 맛있는 음식을 먹어. 그 시간이 지나고 식도로 넘어가면 이미 맛은 못 느끼지만 몇 초의 행복을 느끼기 위해 다시 그 음식을 사 먹지. 마찬가지로 사람으로서 살면서 느끼는 감정들도 그 순간이 지나면 언젠가는 없어지겠지만 그 순간의 행복, 기쁨, 희망, 보람, 사랑 등등의 감정을 느껴 보고 싶어서 사람으로 태어나는 것일 수도 있어. 꼭 긍정적인 감정뿐 아니라 무서운 놀이기구나 공포체험, 슬픈 영화 감상 등을 일부러 돈 주고 하는 것처럼 때에 따라서 스릴이나 슬픔, 공포를 느끼고 싶어하는 사람들도 많아.

　놀이동산에 안 가 본 사람한테는 아무리 그 느낌을 설명해 줘도 왜 그 무서운 걸 타는지 힘들게 몸을 혹사하는지 잘 모르겠지. 하지만 거기 한 번 가 본 사람들은 그 느낌을 확실하게 알고 있기 때문에 다시 그 느낌을 느끼기 위해서 놀이동산에 갈 거야. 마찬가지로 성인들이나 철학자들의 말처럼 인생은 고통이고, 어렵고, 힘든데, 도대체 왜 사는 것인지 이해가 되지 않을 수 있어. 그래도 내가 직접 인간으로 살아 보니 왜 살고 있는지, 왜 죽는 것을 아쉬워하는지 그 이유를 조금 알 수 있을 것 같아.

　앞에서도 이야기했듯이 이 세상이 다 꿈일 수도 있고, 홀로그램일 수 있고, 프로그램일 수도 있어. 많은 사람들이 그렇게 이야기하고 있지. 그럼에도 불구하고 내가 현재 생각할 수 있고, 감정을 느낄 수 있고, 내 몸을 내 의지대로 움직일 수 있는 것은 사실이야. 이렇게 내가 생각하고, 감정을 느끼고, 움직이고 싶은 대로 움직이는 그 순간은 진짜인 것 같아. 너희도 꿈을 꾸다가 깨었을 때 그 꿈이 즐거운 꿈이었다면 온종일 그 느낌이 생각나서 기분 좋고, 기분 나쁜 꿈이었다면 꿈을 깬 후에도 한동안 찝찝하고 기분이 나빴던 경험이 있을 거야. 이 세상은 꿈일지도 프로그램일지도 사실이 아닐지도 몰라. 하지만 내가 이 순간 즐겁고 행복하고 가끔은 슬프고 힘들었던 그 모든 버라이어티한 감정들을 느끼며 그것을 사실처럼 체험하고 있기 때문에 그 꿈이 끝나더라도 "아~ 그 꿈 참 재미있었다~" 할 수 있을 것 같아.

그렇다면, 나의 삶이 진짜든 가짜든, 온갖 경험들을 통해 그 순간순간의 내가 느끼고자 하는 감정을 충분히 느끼고 싶어서 사는 것이 아닐까. 그렇게 충분히 느끼고 나면 나중에 이 삶이 끝나고 꿈을 깨든 하늘나라에 가든 어떤 일이 펼쳐지더라도 살면서 느꼈던 모든 순간의 감정과 기분을 간직하고 추억할 수 있을 것 같아. 마치 놀이동산에 다녀온 후 한참이 지났어도 그 기분을 떠올릴 때 즐거운 것처럼, 드라마를 보면서 즐겁고, 행복하고, 슬프고, 무섭고 하는 감정을 느끼다가 드라마가 끝나면 "아~ 그 드라마 참 재밌었다." 아쉬워하는 것처럼.

그리고 이왕이면 아주 나중에 이 삶이 다 끝나고 내 삶을 돌아볼 때 "이번 인간 생의 삶은 참 보람 있고 즐겁고 행복했구나. 후회가 없이 잘 살았구나."라고 이 삶을 기억하면 참 좋을 것 같아.

앞쪽 주제에서 "내가 지금 공부를 왜 해야 해?"라는 생각이 든다면 나중에 가고 싶은 길을 가고 싶어도 선택을 못 할 수도 있기 때문에 그런 후회를 하지 않기 위해서 이 순간 내가 할 수 있는 공부를 열심히 해야 한다고 했었지. 사는 것도 마찬가지로 지금 왜 사는지 그 누구도 명확하게 답을 내릴 수는 없어. 하지만 훗날 죽고 나서 내가 왜 이렇게 살았을까 후회할 일이 생기지 않게 하기 위해서라도 순간순간 최선을 다해서 행복하게 잘 살아야겠다는 생각이 들어.

　우리는 나중 일은 아무도 모르고, 특히 죽은 후의 일은 더욱 몰라. 우리가 왜 사는지는 확실하게 모를지라도 지금, 이 순간을 느낄 수 있다는 것만은 확실하니까 하루하루 매 순간순간을 즐기면서 행복하고 만족하면서 살면 될 것 같아.

　그리고 내가 왜 사는지도 가끔 스스로 질문하면 어느 날 그 답을 알게 되는 순간이 올 수도 있어. 답을 알거나 모르거나 일단 아쉬움 없고 후회 없이 인생을 살아 보자.

👍 추천 도서

열한 계단(채사장)

 # 운명이란 정해진 것일까

"엄마, 드라마처럼 첫눈에 반하는 사랑 같은 운명이 진짜 있을까? 아무리 운명적이라고 해도 딱 그 운명적인 사람이랑 사랑에 빠져야 한다는 것도 싫어. 내가 선택해서 내가 만들어 가고 싶은데…. 엄마는 운명이 있다고 믿어?"

"그러게. 나도 당시 운명이라고 생각했기에 사랑을 하고 결혼을 하긴 했는데. 운명이라는 건 시간이나 환경, 노력 등 여러 가지 요인이 복합적으로 작용하는 것 같아."

운명은 정해진 것일까 만들어 가는 것일까. 이런 고민도 우리를 비롯한 대부분 사람이 평생 하고 있을 거야. 정해진 운명을 알기 위해 예언에도 귀를 기울이고, 점도 보고, 사주, 타로 같은 것들도 하는데 그게 맞기도 하고 전혀 안 맞기도 하지.

어떤 책에서는 운명은 내가 정하는 것이라고 하고, 「데스티네이션」이라는 영화에서는 지금 내 운명을 피해 갈 수는 있어도 언젠가 다시 그 운명을 불가피하게 맞게 된다는 이야기로 내용이 전개되기도 해.

여러 가지 정보와 생각들 그리고 지금까지 살아온 경험들을 통해서 내리게 된 운명에 대한 나의 결론은 운명은 있지만, 그 운명은 나의 의지로 충분히 바뀔 수 있다는 거야. 예를 들어 나도 사주 같은 것을 가끔 보긴 했는데 내용에 긍정적인 부분도 많이 나오지만, 부정적인 부분도 나오지. 그런데 나의 성격상 며칠 지나면 긍정적인 부분만 기억하고 부정적인 부분들은 거의 기억나지 않았어. 그리고 훗날 보면 내 일들이 다 긍정적인 내용대로 되어 있는 거야. 긍정적인 내용에만 초점을 맞추고 있으니까 인생도 그렇게 되는 것 같다는 걸 알았어. 그래서 운명은 있을지 몰라도 나의 의지로 충분히 바뀔 수 있다고 생각하게 되었지.

그리고 요즘은 양자역학(양자물리학)의 발달에 따라서 과학적으로도 운명이나 미래에 관한 이론들이 증명되거나 나오고 있어. 양자역학이란 분자, 원자 등 미시적인(아주 작은) 입자들을 연구하는 물리학 이론이야. 거시적인 세계를 설명하는 고전역학과는 다른 점이 많아. 양자역학에서는 현재 상태에 대해서 정확하게 알더라도 미래에 일어나는 사실을 정확하게 예측하는 것은 불가능하고 단지 확률적인 가능성으로만 존재한다고 하지. 다시 말해서 여러 가지 확률 중에서 내가 어느 확률의 인생으로 들어설지는 모른다는 거야.

이렇게 양자역학과 또 다른 과학 이론들(끈 이론, M 이론, 대통일이론 등)에서 나오는 우주론으로 다중우주론이 있는데 우주가 하나가 아니고, 여러 개의 가능성이 있는 우주들이 존재한다는 가설이야. 이것 역시 나의 운명이 정해져 있지 않고 내 우주가 여러 가지의 가능성으로 존재할 수 있다는 이론이지. 나는 이러한 이론들이 모두 가설일 뿐이지만 맞을 수도 있을 것 같아.

더 자세한 과학적 이론은 나중에 너희가 좀 더 커서 관심이 생기면 공부하면 좋겠고, 다시 운명에 관한 이야기로 돌아온다면 이런 양자역학이나 다중우주론에서 본다면 나의 운명이 한 가지로 정해져 있는 것이 아니고 여러 가지 운명이 존재할 수 있어. 그중에 나는 지금 현재 이 운명으로 살고 있지만, 내가 원하기만 하면 미래의 여러 가지 운명(우주) 중에서 하나를 선택해서 그 우주에서의 삶을 살 수도 있다는 거지. 내가 원하기만 하면 어떤 우주도 선택할 수 있다는 것은 앞에서 말한 시크릿의 원리랑도 연결되는 것 같아.

그럼 딸이 아까 한 질문에 대해서는 어떻게 대답할 수 있을까? 운명적인 사랑? 존재할 수도 있지. 그 순간 어떤 사람을 만나서 운명이라고 느꼈다면 그때 그 순간 그 현실 속에서는 그 사람이 내 운명적인 사랑일 수 있겠지. 많은 사람이 그런 느낌을 받아서 사랑도 하고 결혼도 할 거야. 그런데 시간이 지나고 상황이 달라지면 그 운명은 또 충분히 바뀔 가능성도 있다고 생각해. 다시 말해서 운명적인 사랑이란 어떤 한 사람하고 꼭 평생토록 또는 영생토록 같이 해야 하는 그런 사랑은 아닌 것 같아. 당시 어떤 순간에는 그 사람하고의 사랑이 운명이지만 시간이 지나서 사람, 마음, 상황이 변하게 된다면 그것 또한 운명이 될 수 있다는 거지. 사람에 따라서「타이타닉」영화에서처럼 짧은 몇 시간 동안 운명적인 사랑을 하다가 추억으로 평생을 간직하는 운명, 20년 동안 사랑할 운명, 한평생 사랑할 운명 등이 있을 거야. 그 운명의 순간 동안에는 그 사람과 충분히 사랑하고 그 순간이 지난다면 남은 평생 추억으로 간직할 수도 또는 다른 운명적인 사랑을 만날 수도 있을 거야. 사람에 따라 운명적인 사랑이 한번 또는 여러 번 찾아올 수 있을 거고. 물론 이런 운명은 위에서 말했듯이 그냥 따르는 게 아니라 내 의지로 충분히 선택할 수도 바꿀 수도 있겠지.

참고로 내 운을 바꾸는 구체적인 방법도 알려 줄게. 나의 환경과 주변을 살펴봐. 뭘 해도 잘 안된다면 에너지가 막혀 있거나 부정적인 기운에 둘러싸여 있을 수도 있어. 그럴 때는 주변 환경을 바꿔 주거나 에너지가 긍정적이고 운이 좋은 사람들과 함께하는 것도 방법이 될 수 있어.

현재 나는 지금, 이 순간 이게 내 운명이다 하는 마음으로 삶을 살고 있어. 내 일에, 내 운명의 사람들에게 최선을 다해서 살려고 노력하고 있어. 너희들도 지금 겪는 바로 이 순간이 내 운명의 순간이다, 지금 만나는 한명 한명의 사람들이 다 내 운명의 사람들이다 생각하면서 최선을 다해서 살기 바라. 그리고 만약 지금 어떤 상황에 벗어나 또 다른 새로운 운명이 오기를 간절히 원한다면 그 새로운 운명을 다시 개척할 수 있을 거야.

지금 현재 내 앞에 다가온 운명에 최선을 다하고, 내가 원하는 운명을 선택하면서 살자~ 내가 선택한 나의 운명아~ 잘 살아 보자~

👍 **추천 도서**

별들에게 물어봐(정창영)
오쇼 젠 타로(마 데바 파드마)
잘될 운명입니다(정회도)

꿈에 대하여

"엄마~ 어젯밤에 나 정말 무서운 꿈 꿨어."
"그래서 자다가 그렇게 막 울었구나~ 그냥 꿈일 뿐인데…."
"그래도 얼마나 무서웠다고~"

이번에는 잘 때 꾸는 꿈에 대해서 말해 볼게. 많은 사람이 꿈은 현실이 아니라 가짜, 가상, 허상 등이라고 하지. 꿈이 허상이고 가짜일까? 아무런 의미가 없을까? 꿈을 꾸다가 울기도 하고, 기뻐하기도 하고, 또는 꿈에서 가끔 로또 번호를 보기도 하고, 미래에 대해서 예지몽을 꾸기도 하고, 그리고 태몽은 거의 정확하기까지 하지. 꿈을 꾸다 깨면 실제처럼 너무 무서워서 온몸에 땀이 나거나 너무 좋아서 흥분되는 경험도 했었지. 꿈을 깼는데도 한참 동안 심장이 두근거려서 잠을 다시 못 자기도 하고. 그렇다면 꿈이란 그냥 가짜나 허상만은 아닌 내가 모르는 더 깊은 뭔가가 있지 않을까 하는 생각이 들기도 해.

사람은 보통 렘수면 때 꿈을 꾸는데 이때 급속 안구 운동이 일어나고 학습, 기억 기능, 뇌 정보 처리에 중요한 역할을 하기 때문에 렘수면과 꿈과 뇌의 기능이 밀접한 관련이 있는 것 같아.

예전부터 꿈에 대해서 많은 학설과 연구들이 있었어. 꿈은 신의 계시라고 믿는 사람들도 있었고, 아리스토텔레스도 『잠과 깨어있음에 관하여』, 『꿈에 관하여』, 『잠 속의 예언에 관하여』 등의 책을 통해서 잠과 꿈에 관해서 이야기하기도 했어. 유명한 정신분석학자인 프로이트는 『꿈의 해석』이라는 책에서 꿈에 대해서 아주 자세하게 연구하고 분석해서 직접 환자들의 치료에 써먹기도 하였고, 플라톤, 장자, 데카르트 등 유명한 철학자들도 꿈에 관해서 연구와 사색의 대상으로 삼았었지. 지금도 심리학이나 정신과, 상담학 등에서는 꿈에 대해서 중요한 의미를 부여하고 심리 치료에 사용하거나 깊이 있게 연구하고 있어.

내 경험으로는 자기 직전에 어떤 생각을 하면서 자느냐, 어떤 기분으로 잠을 자느냐에 따라서 꿈에 나타나는 경우가 많은 것 같아. 내가 디즈니랜드에 갔던 기분 좋은 상상을 하면서 잠들면 정말 꿈속에 디즈니랜드가 나오고, 내가 어떤 친구 생각을 하면서 잠들면 꿈속에 그 친구가 등장하고, 내가 무서운 공포영화를 보면서 잠들면 무서운 꿈을 꾸게 되지. 그래서 꿈은 현실과 완전히 동떨어진 것이 아니라 현실의 내 생각을 반영하던가, 평상시에 깊이 숨어 있던 내 안의 잠재의식이나 무의식이 꿈으로 나타나는 것 같기도 해.

그래서 잘 때 기분 좋은 상상을 하고, 내가 원하던 것이 이루어진 상상을 하면서 잠들라고 말하곤 하지. 그러면 꿈속에서 나의 현실 의식과 상관없이 잠재의식이나 무의식 같은 내 안의 깊은 곳을 건드려 내가 원하는 것이 무의식 속에 새겨지게 될 수도 있고, 그렇게 의식과 무의식 속이 내가 원하는 것으로 채워진다면 진짜 현실에서 그게 이뤄질 가능성이 더 커지겠지. 이와 비슷한 의미로 어떤 사람의 꿈속으로 들어가서 그 사람의 무의식에 무엇인가를 심어 놓으면 현실에서 그 사람의 행동을 원하는 방향대로 변화시킬 수 있다는 내용의 유명한 영화(인셉션)도 있었어.

잠재의식, 무의식에 대해서는 나중에 따로 이야기할 건데 간단히 말하면 의식은 우리가 언제든지 인식할 수 있는 마음의 작용이라면 무의식은 인식할 수 없는 깊은 마음속에 숨겨져 있는 의식을 말하고 잠재의식은 의식과 무의식의 중간 정도에 있는 의식을 말해. 아빠는 가끔가다 스트레스받는 일이 생기면 종종 꿈속에서 몇십 년 전 가장 스트레스받았던 학창 시절 시험 보는 꿈을 꾼다고 했지. 이건 잠재의식 속에 숨겨져 있던 학창 시절의 스트레스가 현실의 스트레스 받는 상황에 자극을 받아 꿈에 나타난 것이겠지. 이렇게 꿈이 현실 세계와 무관하지는 않은 것 같고, 나의 현실의식과 잠재의식과 무의식이 연결된 것 같아.

또 꿈에서 꿈이라는 걸 알아차리는 자각몽(루시드 드림)이 있는데 많은 사람이 영성에 관한 공부를 하다 보면 이 자각몽을 활용하기도 해. 꿈속에서 이게 꿈이라고 알아차릴 수 있다면 꿈속에서 내가 원하는 것을 맘대로 체험하고, 끌어올 수 있게 되는 것처럼, 현실(현실이 만약 꿈이라면)에서도 이게 현실이 아닌 꿈이라고 자각하면서, 실제로 내가 원하는 것을 창조할 수 있게 되는 거지. 또는 자각몽은 나의 다른 평행 세계에서 일어나는 일이라고 주장하는 사람도 있어.

나아가, 자는 동안 몸과 유체(의식)를 분리해 유체를 자유자재로 이동시켜서 공간과 시간을 초월하는 여행을 할 수도 있는데, 이건 일종의 자각몽과 같이 의식이 있는 상태에서 몸이 자는 동안 의식만 움직여서 내가 원하는 체험을 할 수 있는 거지. 이 연습을 통해서 육체가 나의 전부가 아니라는 깨달음을 얻기도 한다는데, 이 주제에 대해서는 아직 이해하기에는 너무 깊은 것 같으니 나중에 기회가 되면 알아보는 거로 하자.

  이렇게 꿈은 생각보다 단순하지만은 않은 것 같고, 어떤 말이 맞는지는 모르겠지만 이 꿈에 대해서 오래전부터 연구하고 연습하고 경험해 온 많은 사람이 있고, 내가 알려고만 하면 아주 많은 것을 알 수 있는 것 같아. 하지만 대부분 사람은 꿈에 대해서 잘 알고 싶어 하지도 않고, 알 필요성도 못 느끼기에 꿈은 그냥 꿈이지 하고 끝내 버리는 경우가 많지.

  하지만 우리는 인생의 약 1/3의 시간을 자. 이렇게 긴 잠을 자는 동안 꾸는 꿈을 그냥 아무것도 아닌 것으로 여기고 지나치는 건 내 성에 차지 않아. 꿈이 무엇이든 간에 그게 나의 인생에서 어떻게든 도움이 될 수 있도록 꿈에 계속 관심을 가져 보는 것도 좋은 것 같아.

  "꿈도 내 삶의 일부니 도움 되는 방향으로 잘 활용해 보자~" 하는 마음으로 오늘도 잘 자고 좋은 꿈 꾸길 바라.

👍 추천 도서

소스필드(데이비드 윌콕)

 ## 잠재의식, 무의식에 대하여

"엄마, 나 오늘 괜히 화나고 짜증 나는데.
뭐 특별한 건 없는데 갑자기 왜 그럴까?"

"그래? 네 안에 잠재된 뭔가가 올라오는 거 아닌가?"

"뭐가 올라와?"

"난 공부를 정말 열심히 하고 싶다는 마음이 잠재의식 속에 있는데
오늘처럼 놀기만 한 날은 스스로 실망스러워 우울해졌다던가…"

"말이야 방귀야~ 아니거든~"

왠지 이유 없이 기분이 우울할 때, 또는 어떤 말을 듣거나, 어떤 상황에 놓였을 때 다른 사람들은 괜찮은데 괜히 나 혼자 기분 나쁘고 짜증이 날 때가 있지. 옆에 같이 그 소리를 듣고 그 장면을 같이 본 다른 친구들은 아무렇지도 않은데 이상하게 나만 발끈해서 열받고 짜증 날 때가 있을 거야. 예를 들어 가끔 딸은 여성 차별에 관련한 소리를 들었거나 그런 행동을 볼 때 너무 짜증 난다고 불만을 이야기하곤 했지. 다른 친구들과 선생님은 왜 그런 말을 듣고도 그냥 넘어가는지 이해할 수가 없다면서.

그건 왜 그럴까? 같은 말, 같은 행동에도 다른 사람은 반응을 안 하는데 왜 유독 나만 더 심하게 반응을 하는 걸까?

그건 모든 사람마다 내재한 잠재의식, 무의식 등이 다르기 때문이야. 앞서 말했지만, 다시 한번 설명하면 의식은 우리가 일반적으로 인식할 수 있는 마음의 작용이라면 무의식은 자각이 없는 의식의 상태, 다시 말해 일반적으로 인식하지 못하는 마음속 깊은 곳에 숨겨져 있는 의식을 뜻해. 잠재의식은 의식과 무의식의 중간 정도에 있는 의식을 말하는데 사전적 정의에 의하면 '어떤 경험을 한 후에 그 경험과 관련된 사물·사건·사람·동기 같은 것을 일시적으로 의식하지 못하고 있지만, 그것이 필요하면 다시 의식할 수 있는 상태'(표준국어대사전)야.

예를 들어 오늘 어떤 친구가 너를 욕했다면 당장 화가 나고 그 친구가 미운 마음이 드는 것은 일반적인 의식 작용이야. 그리고 일 년 뒤에 그 친구가 가벼운 농담을 했는데도 갑자기 극도로 화가 나는 것은 그 친구에 대한 1년 전의 미운 마음이 잠재의식 속에 있다가 나타났기 때문에 그럴 수 있어. 30년이 지난 후에 그 친구 이름은 생각도 안 나는데 외모나 성격이 비슷한 사람을 보았을 때 이유도 없이 기분이 나쁘다면 그건 너의 무의식 속에 숨겨져 있던 예전의 그 친구에 대한 감정이 올라왔기 때문일 수 있다는 거지. 사실 무의식은 아무리 머리를 굴려 봐도 알 수 없는 것들이 많고, 또는 엄마 뱃속에서 또는 한두 살 아기 때 형성된 것들도 있고, 심지어는 전생의 기억들이 무의식 속에 저장된다고 하기도 해서 의식적으로 아무리 생각하려고 해도 찾을 수 없는 것들이야. 이렇게 이유를 모르겠고, 아무런 외부 자극이 없는 것 같은데도 내 감정이 흔들리거나 아주 작은 자극인데도 이유 없이 크게 되받아치거나 나도 모르게 큰 감정들이 올라온다면 그 감정들은 나의 잠재의식이나 무의식에 숨겨져 있던 것들이 올라오는 것으로 생각해 볼 수 있어.

의식, 잠재의식, 무의식 그리고 집단 무의식이라는 것도 있는데 이것들에 대해서는 학문적으로도 많은 학설과 주장들이 있기 때문에 나중에 더 자세히 공부해 보면 돼. 여기서는 잠재의식과 무의식이 우리에게 어떻게 영향을 미치는지 그리고 그렇게 불쑥 영향을 미칠 때 어떻게 해야 하는지를 이야기해 볼게.

의식과 무의식을 설명할 때 빙산의 일각의 그림을 그려서 설명을 종종 해. 바다에 떠 있는 빙산에서 우리 눈에 보이는 빙산 위의 부분 그게 의식이고, 바다 밑에 숨겨져 있는 부분이 잠재의식과 무의식이라는 거야. 우리 눈에 보이는 부분인 의식은 전체의 10%도 안 되고 그 밑에 90% 이상의 잠재의식과 무의식이 숨겨져 있어.

어떻게 하면 이런 숨겨져 있는 의식을 알아차리고 조절해서 잘 살아갈 수 있을까? 예를 들어 이유 없이 기분이 나쁜 감정이 올라오는 경우를 보자.

어떤 감정이든 올라온다는 것을 알아채는 것이 첫 번째 단계야. 이유 없이 짜증 나고 화가 난다는 내 마음을 알아차리면 1단계는 끝난 거야. 사실 짜증 나고 화가 난다는 것도 모른 채로 다른 사람들에게 그 화를 내고 짜증을 내 버리는 사람들이 많거든. 내가 어떤 감정이 올라오는지 알았다는 것 자체가 가장 중요하고, "이유 없이 짜증이 나네." 하고 내 마음을 알게 되면 다른 사람에게 막 그 짜증을 발산하지는 않을거야. 그리고 내 마음을 알고 짜증 내는 것이 모르고 짜증 내는 것보다 훨씬 나아.

두 번째 단계는 왜 이런 감정이 올라오는지 잘 관찰해 봐. 눈앞 현실의 자극 때문에 그러는 것인지, 나의 과거의 의식 속에 그것에 대한 감정이 남아 있는 것은 아닌지 잘 살펴보고, 그 원인을 찾았으면 50% 이상은 해결된 거지.

마지막으로 만약 아무리 생각해도 그 원인을 잘 모르겠다면 그것이 의식적인 것이 아니라 나의 무의식 속에 저장된 것 때문에 이런 감정이나 이런 행동이 나타나는 것 같다고 추측을 할 수 있고, 그렇다면 그냥 그것을 인정하는 수밖에 없어. 내가 어떻게 생각으로 해결해 볼 수 있는 것이 아니기 때문에 그때는 인위적으로 할 수 있는 방법은 없는 듯해. 날씨가 어느 날은 맑고, 어느 날은 비가 오고 하는 것처럼 내 기분도 그럴 수 있구나 하고 인정하는 수밖에 없어. 그리고 날씨처럼 시간이 지나면 그런 알 수 없는 반응과 감정도 물러갈 거야.

그럼에도 불구하고 만약 그런 감정이 이유 없이 자주 올라올 때는 무의식 속에 있는 것을 일부러라도 처리해 줄 필요가 있어. 이건 부정적 감정 처리하기에서 나중에 다시 언급할 건데 그렇게 무의식 속에 있는 부정적 감정을 처리하면 무의식까지 정화가 될 수 있지.

추가로 아무리 내가 노력해도 어떤 일이 원하는 대로 잘 풀리지 않을 때도 나의 무의식을 살펴볼 필요가 있어. 내가 의식적으로 무엇인가 간절히 원하는 것이 있을 때 잘 살펴보면 무의식 속에는 그것이 이루어지지 않았을 때는 어쩌지라는 두려움이 함께 있을 거야. 끌어당김의 법칙에서는 긍정이든 부정이든 가리지 않고 의식이든 무의식이든 내가 느끼는 것을 끌어당기지. 그렇다면 아까 말한 빙산의 모습처럼 무의식의 크기가 의식보다 훨씬 더 크기 때문에(예를 들어 의식적으로 내가 간절히 돈을 원하더라도 돈이 없으면 큰일 난다는 두려움이 무의식에 함께 존재하고 있다면) 크기가 큰 무의식 속의 상황을 끌어당기게 돼. 그래서 절대로 내가 원하는 현실이 일어나지 않지.

그럼 어떻게 해야 할까? 무의식 속의 두려움을 먼저 없애야 하겠지. 돈이 없어도 괜찮아, 이쁘지 않아도 괜찮아, 성공하지 않아도 괜찮다는 생각을 무의식 속에 심어 줘야 해. 그리고 내가 두려워하는 것을 먼저 인정하고, 돈이 없는 현실, 성공을 못 해도 되는 현실, 이쁘지 않은 현실에 처했을 때 느끼게 될 두렵고 부정적인 감정을 먼저 충분히 인정하고 느껴 주면 점차 무의식 속의 두려움이 사라져 버릴 거야.

조금 깊이가 있는 내용인데 이 부분 역시 많은 책에서 언급하고 있으므로 더 참고하면 돼. 다음 장에서 부정적인 감정을 처리하는 것에 대해서 좀 더 자세히 알려 줄게.

이렇게 무의식 정화까지 하고 나면 이제 나의 삶을 가로막을 건 아무것도 없겠지. 오늘도 내 마음대로 의식과 무의식까지 자유자재로 운전해서 신나는 삶을 살아 보자~

 ## 내 안의 부정적 감정 처리하기

"엄마, 『빨간 머리 앤』을 정말 재밌게 읽었는데 읽다 보니까 앤이 나랑 좀 다른 점이 있어."

"뭐가 다른데?"

"나는 슬픈 일이 있으면 그걸 빨리 잊어버리거나 무시하고 최대한 기쁜 일만 생각하려고 하는데, 앤은 슬픈 일이 있으면 거기에 푹 빠져서 실컷 슬퍼하더라고. 그러면 더 슬퍼지지 않나? 나처럼 빨리 긍정적인 생각을 해서 슬픈 마음을 돌려야 할 것 같은데…"

얼마 전 딸이 아주 중요한 걸 물어봤지. 이에 관한 주제도 살아가면서 꼭 알아야 할 아주 중요한 것으로 다섯 손가락 안에 꼽히는 내용인 것 같아.

사실 나도 예전에는 딸처럼 생각하고 행동했던 것 같아. 좋은 게 좋은 거라고 슬픈 일이나 화나는 일 같은 부정적인 감정이 들 때는 그런 감정을 숨기고 참고 가라앉히고 그 감정을 드러내지 않고 긍정적인 생각으로 덮어 버리는 것이 좋은 거라고. 그럼 그 순간은 안 좋은 감정이 밑에 가라앉고, 기분 좋은 생각으로 전환이 되니 부정적인 생각이 완전히 사라진 줄 알았고 잘 지나갔다고 생각했었지. 그런데 살면서 그게 아니라는 것을 알았어. 그건 무의식이나 잠재의식이라는 예상치 못한 변수 때문이야. 나는 살면서 나름대로 내 마음을 컨트롤할 수 있는 마음공부를 해 왔기 때문에 대부분은 감정이 많이 요동치지 않는 것이 사실이야. 그럼에도 불구하고, 모든 사람은 짧게는 몇달, 몇년전 길게는 어린 시절이나 혹은 기억하지 못하는 과거 시절의 감정들이 무의식이나 잠재의식에 저장되어 있어. 대부분의 사람들이 살아가면서 완전히 해결하지 못한 많은 감정, 특히 억지로 누르고 꼭꼭 숨겨 놨던 감정들, 상처들(이걸 내면 아이라는 용어로 부르기도 해)이 그대로 내 의식 깊숙한 곳에 자리 잡고 있지.

그것이 뭐였는지 잊어버렸거나 기억나지 않더라도 어느 순간 비슷한 일을 당하거나 내 감정을 건드릴 때 내 깊은 곳의 의식 속에서 그것이 올라와서 별일 아닌데도 참을 수 없이 화가 나거나 슬퍼지거나 감정조절이 잘 안되는 경우가 있는 것 같아. 이렇게 나의 깊은 의식 속에 해결되지 못한 부정적인 감정들이 숨어 있다가 한 번씩 건드리면 그 감정들이 외부로 발산되면서 내 마음을 어지럽히고 가지. 심할 때는 "내가 별것도 아닌 일에 왜 이러지." 하면서 스스로 제어가 안 될 때도 있어.

이것을 깨닫게 된 이후로 빨간 머리 앤처럼 부정적인 감정도 인정해 주고 충분히 슬퍼하고 충분히 화내려고 해. 그런 감정들도 맘껏 느껴 주는 것이 장기적으로 볼 때 오히려 도움이 되고 살아가는 데 꼭 필요하다는 것을 깨닫게 되었어.

예를 들어 내가 억울하거나 슬프거나 화나는 감정이 있다면 그걸 조용히 없애려고만 하지 말고 내가 스스로 이런 감정을 지금 느끼고 있다는 것을 알아차리고, 바라보고, 그것에 대해서 느껴도 보고, 억울해하고, 슬퍼하고, 화를 내기도 하면서 충분히 내 감정을 바라보고 다독여 주면 어느 순간부터는 더는 그런 감정이 안 느껴져. 그렇다고 그걸 상대방한테 그대로 돌려주고 화를 내고 풀라는 것을 의미하지는 않아. 그럼 싸움만 커지고 관계가 악화되는 경우가 더 많으니까. 여기에서 요점은 내가 느끼는 감정을 시간을 두고 스스로 받아들이고, 이해하고, 느껴 주라는 거야. "나는 원래 긍정적인 사람이니까 이런 부정적인 감정을 느끼면 안 된다."가 아니라 "나는 부정적인 감정도 당연히 느낄 수 있는 사람이다."라는 것을 받아들이고, 충분히 느껴 보는 거지.

조금 더 구체적으로 방법을 살펴보자.

일단 "내가 짜증이 나는구나~ 화나는구나~ 슬프구나~" 하고 나의 부정적인 감정을 알아차리는 것이 첫 번째 단계야. 무엇 때문에 짜증 나는지 화나는지 슬픈지 알면 더 좋지만, 무엇 때문인지 잘 모르겠다면 그냥 그런 감정이 느껴진다는 것을 알아차리기만 해도 돼.

그다음에 그 짜증, 화, 슬픔을 관찰하는 거야. "점점 더 짜증이 올라오고 있네. 엄청 화가 나고 있네. 너무 슬퍼하고 있네." 하고 내 안의 감정의 변화 상태를 제삼자가 지켜보듯이 관찰하면 돼.

그리고 마지막으로 지켜보면서 스스로 화를 내도 되고, 짜증을 내도 되고, 슬퍼해도 돼. 단 그런 감정이 들고 내가 그걸 표출하고 있다는 것을 나 스스로 알고 있어야 해. 혼자 있을 때 그런 감정을 충분히 느끼면 더 좋겠지만 만약 상대방이 앞에 있다면 "내가 이 사람한테 화를 내고 있구나." 하고 내 마음을 보고 있는 상태에서 화를 내면 되고, "내가 막 짜증이 올라오고 있구나." 하고 날 지켜보고 있는 상태에서 짜증을 내면 되고, "내가 너무 슬프구나." 하고 자신의 감정을 알고 있는 상태에서 울면 되는 거야.

이렇게 나의 감정들을 지켜보거나 표출하고 나면 어느새 그 감정들이 많이 사라졌다는 것을 알게 될 거야. 눈이 녹듯이….

만약 그 감정이 올라오는 순간 그렇게 맘껏 감정을 표출할 수 없는 상황이라면 (예를 들어 학교나 직장이나 공개된 장소라서 어쩔 수 없이 참을 수밖에 없는 상황이었다면) 그 상황이 지나고 나서 나중에라도 내 방이나 공원이나 어디든 혼자 있을 수 있는 곳에 가서 아까의 상황을 떠올려 봐. 그리고 나를 관찰하면서 "화난다, 슬프다, 억울하다, 짜증 난다, 미워 죽겠다." 등등의 감정을 느끼고, 말로 내뱉는 시간을 가져 봐. 시간이 지날수록 내 감정이 조금씩 사라지는 게 느껴질 거야. 감정의 골이 너무 깊어서 몇십 분이나 몇 시간 안에 없어지지 않으면 며칠에 걸쳐서 그 감정이 완전히 사라질 때까지 하면 돼.

그리고 어떤 때는 이유 없이 가만히 있는데 갑자기 올라오는 감정이 있을 수도 있어. 그건 나도 모르게 옛날부터 숨겨 놓았던 감정일 수도 있고, 내가 눈치채지는 못했지만 사는 동안 나도 모르게 쌓여 왔던 감정일 수도 있어. 나 같은 경우는 뭔가 이유 없이 답답한 기분이나 구속받는 듯한 자유스럽지 못한 기분들이 갑자기 올라올 때가 있어. 나도 알게 모르게 계속 조금씩 쌓여 왔던 감정들인 것 같아서 아무도 없는 공원에서 산책할 때나 내 방에서 한 번씩 쏟아 내기도 해. "내가 지금 답답함을 느끼고 있구나~" "아~ 너무 답답하다." "자유로워지고 싶다."라는 말을 계속 내뱉으면서 걷거나, 집중해서 느끼면 그 답답함이 일부 해소되는 거지.

또는 명상이나, 심상화(이미지화)하는 것도 효과가 있는 것 같아. 요즘 그런 명상을 도와주는 동영상들도 많이 있지. 내 안의 슬픔, 두려움, 짜증, 답답함 등의 느낌을 끄집어내어 바람에 날려 버리거나, 물에 씻겨 내려가는 이미지를 상상하면서 내 안의 부정적 생각, 감정, 기운들을 없애

버리는 거야. 이런 이미지 명상이 초심자들이 혼자 할 때는 도움이 많이 되는 것 같아. 언젠가 딸도 나와 함께 15분 정도 되는 동영상의 가이드를 따라 명상하면서 당시 친구와의 관계 속에 쌓여 있던 부정적인 감정을 분출한 적이 있었지. 그때 딸이 나도 모르게 눈물이 나왔다고 하면서 끝나고 나니 가슴이 좀 시원하다고 신기해 했었지. 이렇게 말로나 글로만 접하는 것보다 직접 한번 해 보는 것이 무슨 말인지 어떤 느낌인지 알 수 있고 이해가 더 쉽게 될 거야.

말이나 생각, 행동으로 감정을 분출하면 처음에는 그때의 안 좋은 기분이 떠오르고 그 감정이 다시 느껴져서 힘들기도 하겠지만 짧으면 몇 분에서 길면 몇 시간 후, 어느 순간 더는 그런 기분이 올라오지 않게 되는 때가 오지.

그런 면에서 빨간 머리 앤은 자신의 방법으로 부정적인 감정을 해소한 것 같아. 참 현명한 친구야.

자~ 지금 현재 너의 마음을 아프고 힘들게 하는 어떤 부정적인 생각이나 감정, 에너지 등이 조금이라도 있는 것 같다면 한번 시도해 봐. 어떤 사건이나 상황이 지나고 나서 부정적인 감정이 올라올 때 그 감정을 알아차리고 관찰하고 충분히 느껴 주면서 분출해 버리자. 그리고 무의식과 잠재의식 속에 있는 부정적인 감정 에너지들도 시시때때로 올라오는 대로 알아차리고 느껴 주고 다 날려 버리자. 그러면 마음이 한결 깨끗하고 가벼워질 거야. 이렇게 부정적인 감정들을 처리하고 나면 몸과 마음, 주변 환경 등 모든 일이 막힘없이 더 잘될 거야.

오늘도 내 속에서 어떤 부정적인 마음이 올라오는지 잘 관찰하고 놓치지 말고 처리해 보자~

👍 추천 도서

화해(틱낫한)

빛의 시크릿(SoulDe)

가슴으로 치유하기(웬디 드 로사)

내면 아이의 상처 치유하기(마거릿 폴)

위대한 시크릿(론다 번)

표지에 대하여

"『연금술사』라는 이 책, 내가 너무 좋아하는 책인데 한번 읽어 봐. 몇 년 만에 읽으니까 또 재미있고 새롭네. 완전 명작이야."

"그렇게 재미있어? 무슨 내용인데?"

"표지에 관한 것과 시크릿에 관한 내용?"

"재미없을 것 같은데. 시크릿은 알겠는데 표지는 뭐지?"

이번에 말하고자 하는 주제인 '표지'라는 단어는 내가 좋아하는 책 『연금술사』에 나오는 단어야. 그 책에서는 '자아의 신화'를 이루어 갈 수 있도록 나를 이끌어 주는 것을 '표지'라고 해. 이 '자아의 신화'라는 단어도 생소할 수 있는데 나 스스로 내 삶의 목표를 깨달아 이루는 것을 말해. 우리가 알고 있는 자아실현과 비슷한 뜻이라고 이해하면 돼.

다시 말해서 표지는 내가 인생을 살아가는 데 있어서 내 자아를 실현하는 길로 나를 안내해 주는 신호라고나 할까. 하지만 그 표지가 우리가 아는 표지판처럼 안내판으로 나와 있는 것도 아니고, "내가 표지다."라고 말로 알려 주는 것도 아니라서 대부분 사람에게 인생을 사는 동안 표지가 여러 번 나타나지만 많은 사람이 그 표지를 놓치고 살고 있다고 해. 그래서 그 표지를 놓치지 않도록 항상 내 마음과 주변 상황을 잘 살펴보고, 작은 표지라도 발견하면 이게 표지구나 하고 알아차려서 표지를 따라가면 본인의 자아를 실현할 수 있는 길로 더 가까이 다가갈 수 있다고 하지.

위와 같은 내용이 『연금술사』라는 책에서는 표지란 단어로 표현되어 있는데, 사실 이 표지는 다른 이름들로 이미 사용되고 있어. 예를 들어 종교적으로는 신의 인도, 계시, 진리의 뜻 등으로 사용되고, 일반인들은 예감이나 예지 또는 신호, 시그널 등의 단어로 부르기도 하지.

그럼 표지가 어떻게 나타나는지 예를 들어 살펴볼까? 일상생활에서 아주 작게는 밥을 먹다가 배가 아프다면 이건 많이 먹었으니 그만 먹으라는 표지일 수 있고, 나가서 놀까 말까 고민하고 있는데 입고 나가려던 옷을 이미 빨았다는 것은 나가지 말라는 표지가 될 수도 있어. 크게는 내 인생에 어느 길을 선택해야 할지 잘 알 수 없어서 고민할 때, 갑자기 한쪽 길을 선택하도록 누군가의 전화가 걸려 온다거나 그것에 관한 좋거나 나쁜 뉴스가 들려온다는 식으로 표지가 나타나서 나의 선택을 도와줄 수도 있어. 그리고 이 길이 나의 길이 아닌데 내가 계속 가려고 하면 자꾸 무엇인가 방해되는 것들이 나타나서 내가 그 길로 가는 것을 막을 때도 있고, 심지어 어떤 때는 나의 건강이 안 좋아져서 그 길로 가는 것을 포기하게 하기도 하지. 이렇게 여러 가지 방법으로 신호가 올 것이고, 그것을 잘 포착한다면 "이게 바로 표지구나." 하는 것들이 보이거나 느껴질 거야.

나의 경우도 당시에는 "왜 이런 일이 생겼을까?", "어쩌다 일이 이렇게 됐지?" 하며 이해가 가지 않던 것들이 나중에 돌이켜 보면 "아, 그때 그런 일이 생겨서 나를 이쪽 길로 가게끔 인도했구나."라고 생각되는 부분들이 참 많이 있어. 그때는 잘 몰랐는데 그게 표지였다는 것을 지금은 알 것 같아. 그리고 이제 표지를 더 잘 느끼고 알아차리게 된 것 같아. 조금만 주의를 기울이면 내 주변에 표지가 많이 있지.

앞으로 살아가다 보면 너희들의 인생에도 이게 표지인가 싶은 것들이 종종 나타날 거야. 그때 그것이 표지라는 것을 알아차리면 후회 없는 선택을 할 수 있어. 힘든 일이 생겨도 이게 다른 길로 가라는 또는 돌아가거나, 쉬어 가라는 표지구나 하고 수긍하면서 쉽게 극복할 수도 있겠지. 그래서 표지를 아는 것, 알아차리는 것, 따라가는 것에 익숙해지면 삶을 사는 데 많은 도움이 되고, 나의 자아를 실현하는 데에도 많은 도움이 될 거야.

살면서 너희들이 자아의 신화를 이루는 길로 잘 가고 있다면 굳이 표지가 없어도 되겠지. 하지만 가끔 어떻게 해야 할지 고민되거나 왜 일이 이렇게 잘 안 풀리고 있는지 의아하다면 내 마음, 내 느낌, 내 환경 등 나의 안팎을 잘 살펴보길 바라. 그럼 분명히 어딘가에 표지가 있을 거야.

오늘은 내 주변에 어떤 표지가 있나 한번 살펴보고, 이게 표지구나 싶으면 빨리 알아차려서 나의 길을 잘 찾아가 보자. 자~ 표지가 어디 있지 눈을 크게, 귀를 쫑긋, 마음을 활짝 열고 한번 찾아 볼까? 나의 표지야, 어디 있니? 내가 나의 자아의 신화를 잘 찾아갈 수 있도록 도와줘~

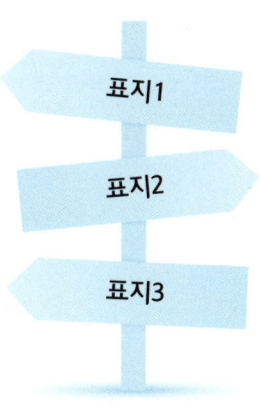

추천 도서

연금술사(파울로 코엘료)

 ## 행복이란 무엇일까

"아빠는 언제가 제일 행복해?"
"우리 딸들 보고 있을 때가 가장 행복하지~"
"그럼 엄마는 언제가 제일 행복해?"
"지금, 이 순간, 이 일상이 행복하지."

갑자기 행복에 대해서 질문하는 둘째 딸.

행복이라는 말의 의미를 정확히 이해하고 질문하는 건지는 잘 모르겠지만, 우리 가족 중에서 하루하루가 가장 행복한 것 같은 사람이 바로 둘째 딸이야.

둘째 딸은 아직 어려서 돈도 없고, 갖고 싶은 것도 다 가질 수 없고, 혼자서 어디를 놀러 갈 수도 없고, 뭐 먹고 싶다고 그걸 맘대로 사 먹을 수도 없는데 왜 하루하루가 행복하게 보일까? 그냥 집에서 혼자 놀아도 항상 즐거워 보이고, 엄마, 아빠, 언니랑 이야기할 때도 호기심과 웃음이 가득한 얼굴로 깔깔거리면서 말하고, 혼자 화장실에 있거나 목욕을 할 때도 노래를 흥얼거리고 중얼중얼 연기하는 그런 모습들이 너무 행복해 보여.

나도 유치원이나 초등학교 시절 친구들하고 놀 때는 뭘 해도 재밌고, 행복했었던 것 같아. 놀 수 있는 짧은 시간과 불량식품을 사 먹을 수 있는 돈만 있어도 그렇게 행복할 수가 없었지. 그런데 나이가 들면서는 뭘 해도, 맛있는 뭘 먹어도 그때처럼 무한정 행복하지는 않은 것 같아.

그럼 행복은 도대체 무엇일까? 보통 사람들은 돈을 많이 벌고, 내가 사고 싶은 거 다 사고, 먹고 싶은 거 다 먹고, 놀고 싶은 거 다 놀면 행복할 것 같다고 생각하겠지. 그래서 돈을 많이 벌려고 열심히 일하거나 신나게 놀거나 맛있는 걸 먹으면서 "이게 행복이다."라고 생각하지. 그러면 신나게 노는 시간이나 맛있는 걸 먹는 시간 말고 나머지 시간은 행복하지 않을까?

둘째 딸이 항상 행복해 보이는 건 왜 그런 걸까? 놀 때뿐 아니라 엄마를 도와 청소를 하거나 빨래를 개거나 요리할 때 힘들 것 같은데도 행복해 보이는 것은 왜 그럴까?

생각해 보면 요즘 내가 가장 행복한 순간 중 하나는 조용히 책 읽는 시간이나 멋진 하늘이나 숲길, 들판 같은 자연을 바라보고 있는 시간이야. 그렇다면 행복은 꼭 신나게 움직이거나 맛있는 것을 먹거나 자극적인 경험을 할 때뿐 아니라 그냥 조용히 있는 시간이나 혼자 있는 순간에도 느낄 수 있다는 것이지. 그리고 열심히 일하거나 운동할 때처럼 몸을 움직이고 땀을 흘리면서도 행복을 느끼기도 해. 연애할 때는 사랑하는 사람과 같이 있기만 해도 심지어 같이 있지 않더라도 문자 하나에도 그냥 행복할 수 있지.

그렇다면 현재 내가 하는 일이나 생각에 집중하고 몰두할 때와 같이 나를 온전하게 느낄 수 있는 순간 또는 그 일과 내가 하나가 되는 순간에 행복을 느끼는 것 같아. 운동할 때, 일할 때, 춤출 때, 책 읽을 때, 명상할 때, 산책할 때, 먹을 때, 아무것도 안 하고 쉴 때 그 순간순간에 아무 생각도 안 나고 나를 온전히 느끼고 있다면 그 순간들이 모두 행복한 순간이겠지.

예를 들어 사랑하는 사람과 내가 하나가 됨을 느낀다면, 책을 읽는 동안 그 책에 푹 빠져 하나가 될 수 있다면, 명상하는 순간 나의 내면을 깊이 들여다보고 나를 온전히 느낄 수 있다면, 자연을 보는 그 순간 나와 자연이 하나라고 느낀다면 그게 행복인거지.

이렇게 행복은 돈이 많고, 물건을 사서 기쁘고, 놀이를 해서 즐겁고, 맛있는 걸 먹어서 배부르고 하는 외부로부터 느끼는 감정이 아니야. 현재 어떤 일에 집중해서, 푹 빠져서 그 일과 내가 하나가 됨을 느낄 때 행복할 수 있을 거야.

둘째 딸이 항상 행복한 이유는 어느 순간에도 과거의 생각이나 미래의 걱정 같은 게 없고, 현재 그 순간에만 집중해서 푹 빠져서 그 일을 하기 때문에 행복한 것이지. 놀 때는 놀고, 먹을 때는 먹고, 공부할 때는 공부하고, 목욕할 때는 목욕하고, 이야기할 때는 그 이야기만 집중하고, 잠잘 때는 잠만 자면서 그 순간 충실하게 나에게 온전히 집중할 수 있으므로 항상 행복할 수 있는 것 같아. 내가 어린 시절 그랬던 것처럼….

그럼 왜 모든 사람이 그 쉬운 걸 안 하고 지금은 행복하지 않다고 생각하고 행복을 쫓아다니는 걸까? 보통 사람들은 놀 때 놀아도 되나 걱정하고, 일할 때는 일이 언제 끝나나 하기 싫어하고, 돈 쓸 때는 돈이 나가서 걱정이고, 먹을 때는 살찔까 봐 걱정하고, 공부할 때는 성적이 안 나올까 봐 걱정되고, 잠잘 때는 오늘 아직 못 한 일, 내일 할 일 등이 걱정이지.

현재를 살면서 이미 지나간 과거나 오지도 않은 미래에 대해 생각하고 걱정하며 보내는 시간이 많아.

이 순간, 지금 현재에 집중해서 내가 지금 하는 일과 하나가 됨을 느낀다면 훨씬 더 행복해질 거야. 이 중요한 이치를 꼭 알아서 사는 내내 항상 행복하기를 바랄게~

👍 **추천 도서**

법륜 스님의 행복(법륜)

현재에 집중하기

"엄마, 오늘 나 배 아파서 화장실에 자주 가야 하는데 수업 시간에 화장실 가고 싶으면 어떻게 해?"

"그냥 선생님께 말씀드리고 갔다 와."

"선생님이 못 가게 하거나 혼내면 어떻게 해?"

"배가 아파서 어쩔 수 없는 거니까 선생님이 혼내지 않을 거야."

"그래도 혼내면 어떻게 해?"

"일단 가서 말해 봐~ 먼저 걱정부터 하지 말고~"

언젠가 딸이 장염에 걸렸을 때 걱정이 참 많았지? 계속 배가 아파서 화장실에 자주 가야 할 것 같은데 선생님께 혼나면 어떻게 해, 친구들이 놀리면 어떻게 해, 점심 먹고 또 아프면 어떻게 해, 하면서 계속 일어나지도 않은 일에 대해 걱정만 하다가 학교에 갔지.

앞에 행복에 대한 주제에서 현재와 내면에 집중하면 행복할 것이라는 말을 했는데, 그럼 현재에 집중하는 방법에 대해서 더 자세하게 이야기해 볼게.

3장 삶과 나 217

언제 현재에 집중한다는 걸까? 공부할 때? 놀 때? 밥 먹을 때? 아니면 중요한 일을 할 때 집중하라는 이야기인가? 현재에 집중한다는 것은 항상, 순간순간, 온종일을 말하는 거야.

아침에 일어났을 때부터 밥 먹고 학교 가고 친구들과 놀고 수업 시간에 공부하고 점심시간에 밥 먹고 화장실에서 볼일 보고 길을 걷고 집에 와서 씻고 숙제하고 컴퓨터 하고 자는 그 순간순간마다 그 시간에 집중하는 거지.

아까 딸이 장염에 걸려 걱정했을 때 얼마 전에 같이 읽었던 동화책에 나왔던 해피팬더 이야기를 해 줬지. 그 책에서 해피팬더는 어제와 내일 일은 걱정할 필요가 없고 오늘 바로 지금, 이 순간으로 네 마음을 돌려놓으라고 했었어. 학교 가서 배 아프고 화장실 갈 걱정을 미리 지금 할 필요 없고, 만약 이따 가서 배가 아프면 그때 선생님께 말씀드리면 되고, 화장실 가면 되고, 친구들한테 배 아프다고 말하면 되는 거지. 해피팬더 말처럼 지금 현재는 아프지도 않고 아무 문제 없으니까 미리 걱정하지 말고 학교에 가서 일이 생기면 그때 할 일을 하면 돼.

앞으로 살면서도 계속해서 많은 고민이 있을 거야. 몇 시간 뒤의 문제뿐 아니라 며칠 후 볼 시험 걱정, 미래에 닥칠 일에 대해 걱정을 하기도 할 거고, 어제 친구들하고 있었던 일, 내가 저질렀던 잘못, 방금 실수했던 말에 대한 후회 등 과거의 걱정을 하기도 할 거야. 하지만 그 모든 것은 다 지나간 일이거나 아직 오지 않은 것들이지. 지금 내 곁에 있는 것은 지금, 이 순간밖에 없어. 지금, 이 순간에 내가 할 수 있는 최선을 다하면서 가장 행복하게 보낼 생각만 하면 되는 거야. 과거를 후회하거나 미래를 걱정하는 대신.

또 현재를 잘 보내면 과거와 미래도 바뀌게 돼. 예를 들어 내가 과거에 잘못한 일도 현재 잘 해결하면 다시 좋게 바뀔 수 있고, 미래에 대한 고민도 현재에 집중하여 해결하면 미래에 좋은 결과를 얻을 수 있을 테니까.

어느 여름방학 우리가 미국 LA로 갈 때 미리 비자를 발급받아 놓지 않아서 타야 할 비행기를 놓쳤을 때가 있었지. 나도 그런 일은 처음이라 정말 황당하고, 미안하고, 후회되고, 짜증 나고, 별의별 감정들이 다 올라왔었어. 하지만 그 순간 "여기서 이러고 있으면 안 된다. 현재에 집중하자." 하고 어떻게 해야 가장 좋은 방법을 찾을 수 있을까 고민하다 일단 몇 시간 후에 출발하는 다음 직항 비행기를 대기 예약을 했지. 만약 대기 좌석이 나오지 않으면 경유하는 비행기를 타기로 하고 차선책으로 추가 예약도 해 놓았고, 직원은 세 자리가 한꺼번에 나오기가 쉽지 않으니 그냥 맘 편히 좌석 있는 내일 비행기를 타라고 권유했지만, 일단은 다음 비행기가 가장 최선이라고 생각하고 몇시간을 공항에서 기다렸지. 그 모든 결정을 10분 만에 하고 최대한 기분 좋은 감정을 유지하려고 밥도 먹고 웃고 장난치기도 하면서 기다렸어. 그렇게 좋은 기분을 유지하고 있어야 또 다른 기분 좋은 것들을 끌어올 수 있으니까. 결국, 대기하고 있던 만석인 비행기가 갑자기 노쇼(예약했는데 오지 않는 것) 세 좌석이 한꺼번에 생겼다고 한 시간 전에야 표를 받고 무사히 비행기를 탈 수 있었어. 직원들도 의아하다고 이런 일은 정말 보기 힘든 경우라며 놀라워했지. 좌석도 다 떨어져 있었는데 다행히 친절한 사람들이 좌석을 바꿔 줘서 셋이 나란히 앉아서 갈 수 있었어.

이런 경험을 하면서 이미 지나간 일을 탓하고 후회하고 미래를 걱정하는 것은 문제 해결에 아무런 도움이 되지 않는다는 것, 이미 벌어진 일이라 주워 담을 수 없다면 현재에 집중하여 가장 좋은 방법을 찾고 좋은 감정을 유지하는 것이 도움이 된다는 것을 다시 한번 깨닫게 되었지.

present라는 단어에는 선물이라는 뜻도 있지만, 현재라는 뜻도 있어. 현재 이 순간이 바로 선물이나 마찬가지라는 거지. 너희들은 항상 현재 지금, 이 순간이 선물인 걸 알아서 현재 이 순간을 최대한 기쁘고 행복하게 보내려면 어떻게 해야 할까만 생각하고 그 순간에 집중해서 맘껏 즐기길 바라. 과거는 이미 지나갔고, 미래는 아직 오지 않았으니까. 현재에 집중해서 최선을 다하면서 행복을 느끼면 앞에 말했던 시크릿의 법칙에 따라 계속 그런 행복한 순간들이 줄줄이 소시지처럼 따라서 올 테니까.

얘들아~ 잊지 마~ 나는 현재에 있다. 지금, 이 순간이 내 시간의 전부다. 지금, 이 순간 현재가 곧 과거와 미래를 바꾸고 결정할 수 있는 키(열쇠)다. 현재에 집중해서 이 순간순간을 보람차고 행복하게 보내자.

> **추천 도서**
>
> 이 순간의 나(에크하르트 톨레)

# 마음이란 무엇일까

"엄마~ 이렇게 계속 놀고 있으면 몸은 편한데 왠지 마음이 불편해."
"그지~ 마음이 불편하면 계속 놀기만 할 수는 없겠지."
"다 먹고살기 위해 하는 건데 몸이 편하면 되는 거 아닌가?"
"글쎄~ 마음이 편한 게 더 중요한 거 아닌가?"

마음이란 무엇일까? 우리 몸이 있다는 것은 당연히 알겠는데, 마음은 어디에 있을까?

만약 나에게서 몸이 없어지면 다른 사람들에게 나를 소개할 수 없겠지. 그럼 나랑 똑같은 몸을 가진 로봇이 마음도 생각도 없이 내 육체를 움직이고 있다면 그건 나일까? 그냥 몸만 똑같은 로봇일 뿐 나라고 할 수는 없겠지. 이렇게 몸과 마음 둘 중 하나라도 없다면 그건 내가 아닐 거야.

나를 구성하는 몸에 대해서는 키, 몸무게, 색깔, 생긴 모습 등이라는 건 알겠는데 그럼 마음은 어디에 있고 어떻게 생겼을까? 마음도 몸처럼 모든 사람이 각각 다르게 생겼을까? 착한 마음, 나쁜 마음, 무서운 마음, 슬픈 마음, 기쁜 마음. 이렇게 사람마다 마음이 다 정해져 있을까? 또는 하얀 마음, 검정 마음, 회색 마음 등 마음 색깔이 다를까? 또는 둥근 마음, 세모 마음, 네모 마음 등 마음의 모양이 다를까?

사전적 정의로는 마음은 "사람이 다른 사람이나 사물에 대하여 감정이나 의지, 생각 따위를 느끼거나 일으키는 작용이나 태도"라고 해(네이버 사전). 하지만 이 정의로도 마음이 무엇인지 잘 모르겠지. 우리가 확실히 알 수 있는 것은 누구에게나 마음이 있다는 것, 그리고 모든 사람의 마음은 항상 그대로 있지 않고 변한다는 것이지.

어제는 누군가가 좋았다가 오늘은 싫어졌다가, 오늘은 기분이 좋았다가 내일은 나빴다가, 심지어 1분 간격으로도 마음이 행복했다가 갑자기 마음이 너무 안 좋았다가 변덕스럽지. 그런데도 마음이 무엇이기에 누가 조정하기에 이렇게 변덕스러운지도 잘 모르지.

몸은 조금만 살쪄도 빼려고 노력하고, 아프면 낫기 위해서 병원도 가고 약도 먹고, 피곤하면 푹 자고 쉬어 주면서 몸에는 엄청난 신경을 쓰고 투자를 하는데…. 마음이 아프면 어떻게 치료해야 하는지, 힘들면 어떻게 쉬어 줘야 하는지, 슬프거나 기뻐서 주체를 못 할 정도가 되면 그 마음을 어떻게 가라앉혀야 하는지 전혀 모르는 것 같아. 그래서 이 마음이라는 것에 대해서 몸처럼 잘 알고 활용해 주면 좋을 것 같아.

몸은 남들에게 외적으로 나라는 것을 보여 주거나 내가 행동하는 데 필요한 것이고, 마음은 내가 몸을 움직일 때나 안 움직일 때 심지어는 누워 있거나 가만히 앉아 있을 때조차 계속해서 내 안에서 나를 존재하게 하는 어떤 것이지.

비유하자면 만약 몸이 자동차라면 마음은 차를 운전하는 운전사이고, 몸이 컴퓨터의 본체인 하드웨어라면, 마음은 소프트웨어라고 할 수 있을 거야. 자동차에 운전하는 사람이 없으면 갈 수가 없고, 컴퓨터에 소프트웨어가 없으면 작동이 되지 않겠지. 그렇기에 우리는 몸 못지않게 중요한 마음에 대해서 확실히 알고 잘 사용할 수 있도록 계속 고민하고 노력해야 할 것 같아.

만약 내가 몸을 편하게 하고 쉬고 있을 때 "아~ 참 편하다~" 하고 생각한다면, 그건 몸이 편한 걸까 마음이 편한 걸까? 만약 내가 편하게 누워 있으면서 아까 친구와 싸웠던 걸 생각한다면 여전히 편한 마음이 들까? 몸은 편한데 마음이 불편하면 '편하다'는 생각이 나지 않을 거야. 그럼 반대로 멋진 풍경의 바닷가를 땀 흘리며 달리면 "아~ 참 평화롭다~"라는 생각이 들까? 몸은 힘들지만, '평화롭다'는 생각이 날 수 있을 것 같지.

위 경우들을 보면 편하다는 것은 몸이 편하다는 게 아니라 마음이 편할 때 그런 표현을 하는 경우가 많은 것 같아. 또 다른 예로 돈이 엄청 많고 좋은 집에 살면 모두 다 행복할 것 같은데 아무도 없는 큰 집에 혼자라면 행복한 마음이 들까? 반대로 돈은 없고 가난하지만, 주변에 날 사랑하고 내가 사랑하는 사람들과 함께 지낸다면 행복한 마음이 날까? 전자보다 후자의 경우에 행복한 마음이 더 많이 들 것 같지. 이런 경우들을 종합해 보면 사실 나의 행복, 즐거움 같은 감정에도 육체적인 것, 물질적인 것보다 마음이 더 크게 작용하는 것 같아.

그럼 마음은 어디에 있을까? 심장 또는 뇌에 있나? 지금 이 글을 읽는 순간 내 마음은 어디에 있을까? 이 글을 읽기 전에는 내 마음이 어디에 있었을까? 아니면 지금 이 글을 읽기 전까진 마음에 대한 아무런 생각도 없었으니 마음도 없었을까? 막상 마음을 찾으려면 정확히 어디 있는지 찾아지지는 않을 거야.

그럼 오늘 아침부터 시간에 따라 찾아 보자. 내가 잘 때는 마음이 어디에 있는지 잘 모르다가 아침에 눈을 뜨자마자 몸이 움직이듯이 마음도 나타나기 시작했다는 걸 알 수 있을 거야. 일어날 때는 일어나기 싫다는 마음, 아침밥 먹을 때는 입맛이 없다는 마음, 학교에 늦겠는데 서두르자는 마음. 마음은 끊임없이 나타났다가 사라지면서 이동하지.

그렇다면 내일 아침에 침대에서 눈을 뜨면 몸이 움직이는 것처럼 눈을 떠서 잘 때까지 마음이 어떻게 움직이는지 한번 관찰해 볼까? 온종일 내 마음을 놓치지 말고 이 마음이 어디로 가는지, 어떻게 흘러가고, 어떻게 나타났다가 흩어지는지, 어떻게 요리조리 빠져나가는지 몸의 운동을 관찰하듯이 내 마음의 움직임을 한번 관찰해 보자. 그게 의외로 참 재미있어. 재미있는 과학 실험을 하듯, 보물찾기하듯 마음을 계속 관찰하고 찾아 보는 거야.

그럼 친구의 말 한마디에 갑자기 화나는 마음이 나타났다가 사과하는 마음에 다시 화나는 마음이 눈 녹듯 사라지기도 하고, 맛있는 음식을 보면 먹고 싶다 하는 마음이 나타나기도 하고, 책상에 오래 앉아 있으면 지루하다 놀고 싶다는 마음이 나타나기도 하겠지. 그렇게 마음의 움직임을 놓치지 않고 한번 계속 관찰하는 거야. 근데 그게 참 쉽지 않아서 마음은 어느 순간 미꾸라지처럼 나의 의식에서 쏙 사라졌다가 어디 있지? 하고 찾아야 다시 보일 거야. 아마 하루에도 수십 번 수백 번 마음을 놓치겠지만 계속 찾다 보면 마음을 놓치지 않고 관찰하는 시간이 점점 더 늘어날 수 있겠지.

그렇게 하루에도 없어진 마음을 계속 찾아 발견하면 마음이 화나거나 짜증 나는 순간도 알아차릴 수 있어. 내가 마음을 계속 보고 있으면 내가 지금 화가 나고 있구나, 저 친구의 저 말에 짜증이 올라오는구나 하는 마음을 그 순간 알아챌 수 있고, 생각 없이 화를 내고 후회하는 일이 줄어들지. 이렇게 몇 번 하다 보면 내 행동을 항상 마음이 의도한 대로 할 수 있을 뿐 아니라 내 마음도 자유롭게 쓸 수 있는 경지까지 갈 수 있을 거야.

자~ 마음에 대해서는 알 것들이 더 많이 있지만, 차츰 알아가도록 하고, 그 시작으로 오늘 마음에 대해서 조금은 알았으니 내 마음을 관찰하기 위해서 지금부터 마음 찾기를 한번 해 볼까.

"내 마음아 어디니? 숨바꼭질할까? 내가 너를 찾아 볼게."

추천 도서

상처받지 않는 영혼(마이클 A. 싱어)

알아차리기

"조금 전에 이걸 해야지 생각하고 있었는데,
어느 순간 지금은 딴생각하고 있네…"
"당연하지. 마음은 계속 움직이는 거야. 잘 지켜보고 있어야지,
아니면 순식간에 변하는 마음에 내가 끌려가 버려."
"그게 무슨 말이야? 내가 마음에 어떻게 끌려가?"

전편에서는 마음이 기본적으로 무엇인지, 어디 있는지 등등에 대해 포괄적으로 말했다면 이번에는 구체적으로 감정이 올라올 때의 마음 알아차리기에 대해서 말하려고 해. 앞쪽에 잠재의식, 무의식 부분과 부정적인 감정 처리하기에서도 조금씩 언급하긴 했지만 중요한 부분이라 따로 다시 말해 주려고.

수시로 변하는 내 마음과 감정 때문에, 우리는 하루에도 몇 번씩 마음이 갈팡질팡, 감정이 오락가락하면서 정신을 차리지 못하지. 그게 긍정적인 감정이라면 괜찮은데 부정적인 감정이라면 사는 것이 힘들고 몸도 마음도 지칠 수도 있어.

알아차리기는 내가 살면서 어떤 생각이나 감정이 들 때 그 순간 "아~ 내가 지금 이런 생각을 하고 있구나." 또는 "아~ 내가 지금 이런 감정이 올라오는구나." 하고 알아차리는 거야. 사실 마음공부 할 때 자주 쓰이는 비슷한 말이 있는데 뭔가 외부에서 자극이 와서 내 마음이 요란해졌을 때 "앗! 경계다." 하고 내 마음을 보는 것. 그것도 일종의 알아차리기야. 단지 외부에서 오는 자극뿐 아니라 내 안에서 내부적으로 올라오는 어떤 생각, 감정들까지도 다 알아차리는 것에 대해 지금 설명하려고 해.

마음을 알아차린다는 것은 예를 들어 내가 스스로 공부를 하다가 못 알아듣고 어려울 때 "아~ 짜증나."에 그치지 않고, "내가 어려워서 못 알아들으니 짜증이 나고 있구나." 하고 나의 일어나는 마음을 알아차리는 거야. 친구들이 시끄럽게 떠들 때도 "아~ 시끄러워."라는 생각에 그치지 않고, "저 친구들이 떠드는 소리가 참 시끄럽다고 내가 생각하고 있구나." 하고 내 생각을 알아차리는 거지.

내가 내 마음을 알아차리지 않고 그냥 "친구들이 시끄럽다."라고만 생각하면 짜증이 같이 올라와서 마음이 불편할 수 있는데 "친구들 소리가 시끄럽다고 내가 생각하는구나."라고 알아차리면 희한하게 짜증이 같이 올라오지 않을 거야. 이게 어떤 차이냐면 '나'를 알아차리고 있는지의 차이야. 그냥 '친구들이 시끄럽다'라고 생각하는 것은 생각하는 주체가 누구인지를 알아차리지 못하고 있는 데 반해서, "내가 친구들 소리가 시끄럽다고 생각하네."라는 것은 생각하는 주체가 나라는 것을 알아차리고 있지. 이렇게 나의 마음이라는 것을 알아차리면 제삼자가 나를 바라보는 것처럼 나를 객관적으로 관찰하고 현상을 덤덤하게 바라볼 수 있게 돼. 조금 깊이 있게 말하면 생각하고 느끼고 있는 나와 그것을 바라보는 나를 동일시하지 않고 분리해서 보는 거야.

그렇게 되면 "왜 나는 저게 시끄럽다고 생각할까? 나는 책을 읽어야 하는데 저 친구들이 모여서 이야기를 하고 있으니까 책을 읽어야 하는 내 기준에서는 저게 시끄럽게 느껴지겠지만 음악 듣고 춤추고 떠들고 있는 또 다른 친구들 입장에서는 시끄럽다고 생각하지 않겠구나."라고까지 생각할 수도 있어.

많은 책 그리고 선지자들이 알아차리기가 아주 중요하다는 공통된 말을 하고 있어. 이 알아차리기만 잘하면 내가 누군지, 내가 지금 어디에 있는지, 내가 무슨 생각을 하는지 계속 관찰하고 알아차릴 수 있고, 결국은 진리까지도 깨달을 수도 있다는 이야기를 하고 있지. 하지만 내 마음을 계속 바라보기는 정말 쉽지 않아. 생각 없이 사는 시간이 대부분이고, 생각하더라도 감정이 올라올 때 알아채는 것은 더 어려운 일이야. 그래서 내 마음을 알아차리기 위해서 도움이 되는 방법 몇 가지를 알려 줄게.

한 가지 방법은 항상 마음을 단전 쪽에 가져다 놓는 거야. (단전호흡을 말하는 것이 아니야) 또 다른 방법으로는 두 손의 엄지와 검지를 항상(깨어 있을 때부터 잠들 때까지) 모으고 있는 데 주의하는 거야. 이렇게 몸의 한곳에 의식을 집중하는 것은 내가 계속 의식하고 있지 않으면 마음이 자꾸 다른 데로 새기 때문에 끊임없이 나의 마음이 어디 있는지 알아차려야 가능한 거야. 일부러라도 나의 마음을 단전이나 손끝에 계속 집중하는 연습을 하게 되면 그렇게 집중할 때마다 내 마음을 놓치지 않고 알아차리게 되는 것 같아. 또는 내가 가끔 하는 방법 중 하나는 한 시간에 한 번씩 알람을 맞춰 놓고 일상생활을 하다가 그 알람 소리가 울릴 때마다 정신을 차리고 내 마음이 어디에 있나 알아차리는 거야. 이걸 한 시간에서 삼십 분, 십 분 등등 시간 간격을 줄여서 알람을 맞춰 놓으면 더 자주 알아차릴 수 있겠지.

처음에는 알아차리는 방법을 잘 몰라서 쉽지 않았는데, 내 마음을 단전이나 손끝에 집중하든 또는 그냥 그 마음 자체를 인식하고 있든 어떤 식으로 해도 상관이 없다는 것을 알았어. 그 핵심은 나를 계속 알아차리고 있는지가 중요한 거였지.

아직 이 주제에 대해선 "무슨 말이야, 이해가 안 돼." 할 수도 있을 거야. 내 마음을 항상 알아차리는 것은 나도 항상 잘 되는 건 아니고, 아직도 계속 연습하고 있고 아마도 평생 해야 할 거야. 그럼에도 불구하고 중요한 것이기 때문에 너희들도 같이 해 보자고 알려 주는 거야. 일단 내 마음이 변덕스러운 것은 당연한 거니까 그냥 생각과 감정이 계속 변할 때마다 "내 마음이 지금 이렇구나, 지금은 이런 생각이 드는구나, 또 지금은 이런 감정이 올라오는구나." 하고 알아차리고 바라보는 연습을 하면 돼. 계속하고 또 하면 언젠가는 내가 의식하지 않아도 자연히 알아차리게 되는 날이 오겠지. 오늘도 내 마음이 어떻게 변해 가는지 계속 알아차리는 연습을 해 보자~

추천 도서

삶으로 다시 떠오르기(에크하르트 톨레)
왓칭(김상운)

 # 명상이 필요한 이유

"엄마, 명상해? 그게 좋아? 왜 하는 거야?"
"글쎄 한번 해 볼래? 눈 감고 이 영상의 가이드를 따라서 한번 해 봐~"
(마음속에 맺힌 걸 풀어 주는 명상 가이드를 따라서 10분 정도 함)
"이상하게 눈물이 흐르네."

명상을 우리나라에서는 다른 말로 입정, 선, 좌선, 참선 등이라고 하기도 하고, 영어로는 meditation이라고도 하는데 다 비슷한 것 같아.

명상의 목적은 나의 어지럽고 요란한 마음을 가라앉히기 위해서, 심신의 피로를 풀기 위해서, 진짜 참나를 만나기 위해서 등 여러 가지 이유가 있어. 방법도 여러 가지인데, 위에서 했던 것처럼 목소리나 음악 가이드를 따라서 심상화하면서 마음속에 맺힌 걸 푸는 명상도 있고, 새벽이나 저녁에 조용히 아무 생각 없이 마음을 비우고 앉아 있는 좌선도 있고, 걸어 다니면서 하는 행선이나 누워서 하는 와선도 있고, 해결하고 싶은 의문 하나를 계속 마음에 품고 고뇌하는 화두선, 실체를 있는 그대로 바라보는 위빠사나 명상 등 그 외에도 아주 많은 명상법이 있어.

그럼 왜 명상이 중요할까? 왜 명상을 해야 하는 걸까?

일단 나의 마음과 행동을 컨트롤할 수 있는 능력을 기르기 위해서야. 예를 들어 나에 대한 부정적인 이야기가 들려오면 사람마다 반응을 하겠지. 같은 상황이지만 다른 반응을 할 거야. 과민하게 반응하는 사람도 있고 그냥 그렇구나 하고 대수롭지 않게 넘기는 사람도 있을 거야. 똑같이 나에 대한 부정적인 이야기를 하는 것을 들었는데 왜 사람들은 서로 다른 반응을 하는 걸까? 명상은 위와 같은 상황에 반응하는 데 있어서 긍정적인 역할을 하는 것 같아. 내가 외부의 어떤 경계*에 확 끌려갈 때 순간 멈추고, 내면을 바라볼 수 있게 해 주는 거지. 어떤 순간 자동으로 반응하는 나의 몸과 마음과 감정을 멈추고 나는 누구인가, 내가 지금 무엇에 끌려가고 있나, 무엇 때문에 내가 이런 반응을 보이나 등을 알아차리고 객관적으로 관찰할 수 있게 해 주는 것 같아.

처음에는 그런 외부의 반응에 내가 끌려갈 때마다 멈추고 마음을 가라앉히고 명상하며 신경을 많이 써야 하겠지. 하지만 명상을 평소에도 계속하면 내공이 쌓여서 내 감정이 어떤지, 지금 내가 무엇에 반응하고 있는지, 내가 어떻게 인식하고 있는지를 그 순간 바로 알아차리거나, 반응 전에 이미 지켜볼 수 있어. 그래서 어떤 외부 경계에도 끌려가지 않고 흥분하지 않고 명상할 때와 같은 고요한 마음 상태를 유지하며 적절하게 반응할 수 있게 되는 것 같아.

이렇게 명상은 일단 일차적으로는 살아가면서 외부의 경계에 끌려다니지 않고 내 생활을 잘할 수 있는 힘을 기르는 데 필요하다고 할 수 있어.

---

* 경계란 서로 다른 영역이 만나서 이루는 접점이다.
　마음공부에서 '경계'란 어떤 상황이나 인연을 따라 나타나는 마음의 분별이나 생각을 의미한다.

이차적으로 명상은 나와 세상과 우주를 깨닫는 데 도움이 되는 것 같아. 언젠가 딸이 잠깐 말했지. 이 세상은 나를 중심으로 존재하는 것 같고, 내가 없어지면 이 세상이 전부 사라지는 거 같다고. 나도 그 말에 동감해. 사실 내가 있기에 세상이 있을 수 있고, 내가 사라지면 내가 인식하고 있던 이 세상도 사라지는 것이니까. 부처님도 태어나자마자 제일 처음 "천상천하 유아독존(天上天下 唯我獨尊)"(이 세상에서 오직 내 스스로가 가장 존귀하다)이라고 하셨어. 이는 세상에서 각자가 가장 소중다는 것이고, 그렇기에 내 자신에 대해서 아는것이 중요한거야.

이렇게 명상을 하면 진짜 내가 누군지, 이 우주에서 나의 존재는 어떤 의미가 있는지, 이 세상은 어떻게 무엇으로 이루어져 있는지 등등에 대해서 알고 느끼고 깨닫는 데 도움이 되는 것 같아. 나와 세상, 우주에 대한 의미는 알려 준다고 알 수 있는 것은 아니고 나와 세상을 관찰하고, 나와 우주, 존재 등에 관하여 계속 의심을 품고 사색하다 보면 알 수 있겠지. 그리고 나를 놓는 명상을 계속 하면 무아(無我)를 체험하며 나와 세상에 대한 해답을 찾는 데도 도움이 될 거야.

대부분 명상은 조용히 앉아서만 할 수 있고, 바쁘고 시간이 없으면 못한다고 생각할 수 있어. 하지만 명상은 따로 시간을 들여서만 하는 것이 아니고 '무시선 무처선(無時禪 無處禪)'이라고 시간과 장소에 구애 없이도 할 수 있어.

그 방법도 여러 가지가 있지만 간단한 방법을 알려 주면 앞에 주제에서 말한 알아차리는 방법을 활용해 봐. 나는 누구인지, 내 의식은 지금 어디 있는지를 살아가는 동안 순간순간 의식적으로 질문하고, 알아차리는 것 그것도 명상의 하나야. 선생님 말씀을 들으면서도 "내가 지금 국어 선생님 말씀을 듣는 데 집중하고 있구나!"라고 알아차리고, 밥을 먹으면서도 "내가 지금 밥을 먹는데 너무 맛있어서 과식하고 있구나.", 걸으면서 "내가 지금 걷고 있구나." 하고 알아차리면서 생활하면 그날 온종일 명상을 하는 것과 다름없어.

유명한 심리학자 칼 융이 한 말이 있어.

"외부를 바라보는 자는 꿈을 꾸고, 내면을 바라보는 자는 깨어난다."

나도 완전히 나에 대해서 다 알지 못하고 진리에 대해서 완전히 깨닫지 못했어. 하지만 내 내면을 바라보는 시간, 명상하는 시간, 알아차리는 시간이 점점 더 많아지면서 나와 진리를 알아 가는 데 더 가까워지고 있는 것 같아. 우리 한번 함께해 볼까. 누가 먼저 나를 찾고 진리를 깨닫고 깨어날지~~

👍 추천 도서

명상록(마르쿠스 아우렐리우스)
처음 만나는 마음챙김 명상(존 카밧진)
무경계(켄 윌버)

자존감에 대하여

"엄마~ 나는 내가 너무 좋아."
"나도 그래~ 우린 공주병 모녀네~"
"엄마~ 난 왜 이럴까? 한심해~"
"아이고~ 왜 갑자기 자존감이 떨어졌을까?"

내가 살면서 가장 중요하게 생각하는 것 중 하나가 자존감이야.
앞의 주제에서도 한 번씩 언급했지만, 이번 주제에서는 자존감이 과연 무엇인지 그리고 어떻게 하면 자존감을 높일 수 있을지를 이야기해 볼게.
어떤 사람이 인싸가 되는지, 중요한 사람이 되는지, 성공한 사람이 되는지 등은 그 사람의 자존감이 어느 정도인지에 따라 결정되는 것 같아.
어학 사전에서의 자존감의 뜻은 "스스로 품위를 지키고 자기를 존중하는 마음"이라고 나와 있어. 다시 말해 나 스스로에 대한 존중감, 또는 나에 대한 사랑 등을 의미한다고 할 수 있지. 내가 나를 진정으로 사랑하지 않으면 다른 사람을 진정으로 사랑할 수도 없고 남도 나를 존중하고 사랑하지 않게 되기에 자존감은 아주 중요한 거야.

어떤 사람의 자존감이 얼마나 높은지는 어릴 때 자란 환경과 밀접한 관계가 있는 것 같아. 자라면서 부모님이나 주위 사람들로부터 칭찬을 많이 받고, 항상 잘한다, 이쁘다, 최고다 라는 소리를 듣고 자랐다면 스스로에 대한 사랑과 자신감이 충만하게 돼서 자존감이 높아지게 되고, 어릴 때부터 남과 비교당하거나 부족하다, 밉다 등의 소리를 듣고 자랐으면 낮은 자존감이 형성될 확률이 높지.

다행히 나는 어릴 때부터 부모님이나 선생님의 칭찬 속에서 자라서 자존감이 높을 수 있었고, 그게 얼마나 중요한지 알아. 그래서 나도 아이를 키울 때 공부보다 자존감과 창의력과 공감 능력에 초점을 맞추려고 노력했어.

자존감이 도대체 무엇이길래 그렇게 중요할까. 앞쪽 주제에서 외모도 자신감이라고 했었지. 이렇게 자존감은 나의 외적인 모습까지도 변화를 시키지. 왜 그럴까 생각하다가 내린 결론은 다음과 같아. 사람마다 눈에 보이는 것뿐 아니라 눈에 보이지 않는 에너지를 가지고 있는데, 나에 대한 믿음이 있고, 나를 사랑하면 그 에너지가 다른 사람에게 전달되고, 다른 사람도 나를 믿음직스럽고 사랑스럽게 보게 된다고 생각해. 그러니 꼭 말로 표현하거나 겉모습을 치장해서 다른 사람들에게 나를 알리지 않아도, 나 스스로 내면에서 나에 대한 사랑이 있다면 다른 사람들도 그것을 느끼게 된다는 거야. 그러니 나를 온전히 사랑하고, 누가 뭐래도 나는 충분히 이쁘고 멋지다 등의 감정을 가지고 있는 게 중요한 것 같아.

여기서 조심할 것은 나만 대단하다고 생각하고 나만 사랑한다면 다른 사람을 무시하는 이기적인 사람이 될 수도 있어. 이건 나를 온전히 사랑하지 못할 때 그렇게 되기도 해. 나를 충분히 사랑한다면 나에 대한 사랑을 꽉 채운 후에 넘치는 사랑을 다른 사람에게도 나눠 줄 수 있게 되는 것 같아. 이것에 대해서는 다음번 주제 '나를 사랑한다는 것'에서 조금 더 자세히 이야기해 보자.

아직 나에 대한 사랑이 충분하지 않다면 일단 나에 대한 사랑을 더 꽉 차게 100% 채우고, 그 후에 다른 사람을 사랑해도 늦지 않아. 나를 사랑하지도 않으면서 다른 사람을 먼저 사랑하려고 하면 여러 가지 문제가 생기게 될 거야.

내가 이 세상에서 가장 귀하고, 소중한 존재임을 알고, 나 스스로 "오늘도 네가 제일 멋져. 잘 살고 있어. 사랑해 ○○야~" 하면서 많이 사랑해 주기를 바라~ 사랑해~

👍 추천 도서

자존감 수업(윤홍균)

# 나를 사랑한다는 것

"엄마는 이 세상에서 누구를 제일 사랑해?"

"우리 딸들?"

"아니야~ 그럼 안돼. 나를 제일 사랑해야지~"

"왜?"

"왜냐면 나를 먼저 사랑해야 다른 사람들을 사랑할 수 있으니까~"

　둘째 딸이 유치원에서 돌아온 어느 날 한 말이었어. 이걸 유치원 때 깨달다니 참 대견했지. 앞의 주제에서 자존감에 관해서 이야기할 때 나를 사랑해야 한다고 했지. 살아가면서 어떤 어려운 일이 닥치거나, 사람들 사이에 문제가 생기더라도 나 자신을 사랑하는 마음만 가지고 있으면 어떤 것도 극복할 수 있어. 그렇다면 이번에는 어떻게 하는 것이 나를 사랑하는 것이고, 나를 사랑하는 것과 다른 사람을 사랑하는 것은 어떤 관계가 있는지에 대해서 이야기해 볼게.

　나는 어떻게 사랑하면 될까? 그냥 나한테 스스로 "사랑해, 사랑해." 하고 주문하듯이 말하면 되는 걸까? 그것도 물론 호오포노포노에서 말했던 것처럼 중요하긴 해. 많은 사람이 자기 자신을 사랑한다고 말하지. 하지만 100% 나를 온전히 사랑하기는 쉽지 않아. 왜냐하면, 대부분 나의 모습 중에 내 마음에 드는 모습을 위주로 사랑하거든. 그럼 내 맘에 들지 않는 모습은 어떻게 사랑할 수 있을까? 예를 들어 고집스러운 모습, 게으른 모습, 소극적인 모습, 화를 잘 내는 모습, 다른 사람과 잘 어울리지 못하는 모습 등은 사랑할 수가 없을 텐데. 그 부분은 잘못된 부분, 고쳐야 하는 부분이니 그런 부정적인 모습만 빼고 나를 사랑해야 할까?

나를 사랑한다는 것은 긍정적이든 부정적이든 나의 모든 모습을 그대로 인정해주고 사랑하는 거야. 나아가 어떤 경우에도 그럴 수 있다고 나 자신을 이해하는 거야. 나는 상황과 기분에 따라서 부정적인 모습도 나올 수도 있고, 긍정적인 모습이 나올 수도 있어. 그 모든 모습이 다 내 모습인 거지. 나의 긍정적인 모습뿐만 아니라 부정적인 모습이나 실수까지도 스스로 이해가 되고 너그럽게 받아들일 수 있을 때 나를 진정으로 사랑하는 거야. 그리고 그렇게 나의 모든 모습을 사랑하게 되면 다른 사람의 부정적인 모습이나 실수를 알아도 나의 모습을 거울삼아 충분히 이해할 수 있게 되면서 타인도 사랑할 수 있게 되는 거지.

예를 들어 나는 항상 긍정적이고 열심히 하는 모습은 마음에 들지만, 가끔 한없이 게을러지는 나의 모습은 썩 마음에 들지 않아. 하지만 가끔은 그럴 수도 있다고 스스로 이해하고 넘어가곤 하지. 만약 그 모습을 이해하지 못하고 '나는 왜 이럴까 게으름 부리지 말고 항상 부지런해야 하는데….'하면서 게으른 나의 모습이 너무 싫다고 생각하고 자책한다면, 다른 사람이 게으르고 나태한 모습을 보였을 때 내가 과연 그 사람을 잘 이해하고 넘어갈 수 있을까? 절대 이해할 수 없겠지. 나에게도 이렇게 관대하지 못한데 하물며 다른 사람의 그런 모습은 더욱 이해하지 못할 거야.

다른 하나 예를 들면 영혼이 자유로운 둘째 딸은 친구들에게 장난도 많이 치고 고집도 부리지. 아직은 어려서 그것을 바로 고친다거나 모든 친구에게 다 친절하게 대하지는 못하지만 그런 모습이 본인에게 있다는 걸 스스로 알고 잘 인정해. 그래서 "난 원래 그런 성격이야. 그리고 친구 ○○도 나처럼 고집이 세고, 장난도 많이 쳐. 그래도 난 그 친구가 좋아."라고 쿨하게 이해할 수 있는 거지. 그래서인지 둘째 딸은 거의 모든 친구와 친하고 상대방에게 단점이 있어도 대수롭지 않게 생각하는 것 같아. 친구의 단점을 아주 쿨하게 이해하고 어떤 친구든 잘 어울릴 수 있는 성격을 가지고 있지. 만약 본인이 고집도 없고, 다른 친구들에게 항상 친절하고, 양보하는 사람이었다면, 그렇지 않은 고집 세고, 양보 안 하고, 장난 많은 친구를 이해하지 못하고 좋아할 수 없었을 거야.

이렇게 나를 사랑한다는 것은 나의 맘에 들지 않는 나의 모습까지도 이해하고 나의 실수도 너그럽게 감쌀 수 있다는 의미야. 그렇게 했을 때 다른 사람들의 이해할 수 없는 모습이나 실수까지도 이해하고 너그러워질 수 있게 되고, 타인의 부정적인 모습까지도 감싸고 온전하게 사랑할 수 있게 되는 거지.

단 주의할 것이 두 가지가 있어.

첫 번째는 나에게는 너그럽고 관대한 기준을, 다른 사람에게는 철저하고 완벽한 기준을 적용하면 안 된다는 거야. 그렇게 되면 나의 잘못된 행동이나 부정적인 모습은 너그럽게 이해하면서 다른 사람의 그런 모습은 이해할 수 없게 될 테니 공평하지 못한 것이고, 나만 사랑하는 자아도취 또는 이기적인 사람이 될 수 있어. 이건 다른 말로 내로남불(내가 하면 로맨스, 남이 하면 불륜)이고 이중잣대라고 하기도 하지. 그래서 나와 남에게 공평한 기준을 적용해야 해.

두 번째는 스스로를 너무 사랑하는 나머지 나의 잘못된 점을 고치지 않고 계속해서 잘못을 반복해서 하는 경우야. 이런 경우는 남에게 피해를 안 준다면 상관없어. 하지만 남에게 피해를 주는 행동을 반복하고 상대방은 나를 용서하지 못하고 이해도 못 하고 있는데 나 스스로만 혼자 용서하고 넘어가면 문제가 되겠지. 나를 사랑한답시고 반성도 없고, 잘못된 행동을 반복한다면 그 사람은 발전이 없을 테고 결국은 주변에 사람도 없을 거야. 나의 부정적인 모습을 이해하고 사랑하는 것도 좋지만 계속해서 안 좋은 행동을 반복하여 타인에게 피해를 주는 내 모습이 있다면 반성하고 고치려는 노력을 해야 하고, 남에게 피해를 줬다면 꼭 상대방에게 사과도 해야 해.

이렇게 비상식적으로 나를 과도하게 사랑하는 사람들을 일컫는 전문적인 용어가 있는데 나르시시즘(자기애성 성격장애)이라고 해. 거만하고, 지배적이고, 이기적이고, 타인을 배려하지 않는 언행을 하지. 이건 잠재의식 속에 오히려 자기가 약하고 결함이 있다고 생각하기에 나를 방어하기 위해 나타나는 자아도취나 병적인 자기 사랑이라고 해.

결론적으로 나를 사랑한다는 것은 나의 부정적인 모습이나 모자란 모습까지도 사랑한다는 것이고, 나의 잘못이나 실수도 너그럽게 이해하여야 하지만 만약 다른 사람에게 피해를 준다면 그것이 반복되지 않도록 노력해야 하는 거야.

이제 어떻게 하는 것이 나를 사랑하는 것인지, 왜 나를 사랑해야 다른 사람을 사랑할 수 있는지 이해할 수 있겠니? 항상 너희들이 스스로를 사

랑하고 자랑스럽게 여기고 나아가 다른 사람들도 모두 사랑하고 잘 이해할 수 있는 사람이 되길 바랄게~

  사랑해~ 나도, 너희도, 모두~

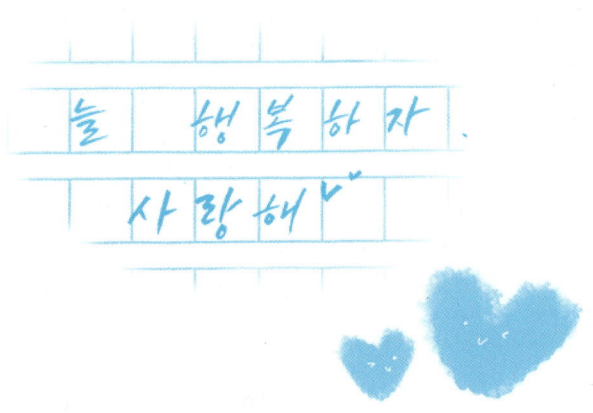